不完美的世界

熊秉元经济学十五讲

熊秉元 著

人民东方出版传媒
东方出版社

自序

与我同行？

数年前,《时报周刊》的一位编辑请我写关于财税问题的时事评论。写了一两篇之后,我觉得时论有点像过眼云烟,不容易有保存价值。既然要花时间,为什么不写些趣味和层次比较高、从观念上探讨问题的文章？主意既定之后,就陆陆续续地写。一方面把这些知性短文登在报章杂志的副刊,另一方面上课当讲义发,作为讨论辩难的材料。登在报刊的文章回响不大,但是作为论对的材料却激起了很多涟漪。大学生、研究生、学校推广教育的学员都一再地告诉我,这些短文对他们的思想造成很大的冲击,促使他们重新思索过去习以为常、视为当然的想法。慢慢地,他们觉察到自己在思考判断上的转变,自己一个人独处时也会感受到在脑海里琢磨问题的乐趣。

这种当初所没有预料到的转折,也对我产生了一些刺激,我曾不止一次地自问：自己的功能到底是什么？经过反反复复的斟酌之后,我现在的想法是：作为一个社会科学的研究者,我既是一个"信差",也是一个"创作者"。站在"信差"的立场,我试着把经济学的内涵认真深入、精确平实地传递给我的学生、听众、读者。站在"创作者"的立场,我希望能为经济学这个人文科学添增一点自己的心得和体会。而且,希望我的涓滴之功能经得起时间的考验而被保留下来,成为文化资产的一部分。

就经济学而言,经济学成为一门学科已经有两百多年。在这两百多年里,有许许多多出类拔萃的学者投入了他们的聪明才智,也累积出非常可观的智慧结晶。而且,以经济学的分析工具探讨其他社会科学的领域,像法律、政治、社会,都已经有相当璀璨的成果。事实上,我的体会是,经济学(者)可以放弃"经济学"这个名词,而以最重要的几个分析概念建立一个体系完整,涵盖政治、经济、社会、法律的"社会科学"。

这本书里的这些短文,可以说就是由"经济学"过渡到"社会科学"的尝试。希望由这些短文里,读者能慢慢琢磨出一种一以贯之的"看事情的方法"。也希望读者在细细品味、反复咀嚼的过程里,能感受和分享我所曾经历过的智识上的惊奇和喜悦!

目录 Contents

第一章 经济学者眼中的世间百态 / 001

如果恐龙回来了 / 003
只以成败论英雄？ / 005
永恒的试炼 / 007
一分耕耘一分收获 / 009
"基本需要"与"品位"之间 / 012
A 和 B 之间 / 014

第二章 入境问俗 / 017

盖反的印章 / 019
为什么不能用红笔填提款单？ / 021
价值的凝结 / 023

制度的基础　/025
　　相对绝对的绝对　/028
　　在法律和规矩之外　/030

第三章　理性与自利　/033
　　两个基本假设　/035
　　经济学者的自利动机　/037
　　个人主义的极限　/039
　　圣人满世界　/041
　　自杀者也"自利"？　/042
　　人性善恶之辩　/045

第四章　伦理道德与"交换"　/049
　　对"五伦"的另一种解读　/051
　　第六伦、白吃的午餐和其他　/053
　　"骗人"的新邻居　/055
　　鲁滨孙是诚实的吗？　/057
　　要买多少的保险　/059

第五章　"成本"的观念　/ 063

做比较　/ 065

教子良方　/ 067

何为"成本—效益分析"　/ 069

如果由我来支配一亿元的预算　/ 071

往者已矣，来者可追　/ 074

后天下之乐而乐　/ 076

第六章　价格和价值的曲折　/ 079

钻石和水的问题　/ 081

价值的由来　/ 083

相对论　/ 085

垃圾场该设在哪儿　/ 087

大师的报酬　/ 089

一世界不等于一粒沙　/ 091

第七章　神奇的"市场"　/ 095

生命的意义　/ 097
每个人都诚实的世界会存在吗？　/ 099
做个没有声音的人？　/ 102
不要想得太多　/ 103
我们为什么"做好事"　/ 105
市场机能的"保险"作用　/ 108

第八章　市场并非万能钥匙　/ 111

不受青睐的面馆　/ 113
自然形成的秩序？　/ 115
考场上的"见贤思齐"　/ 117
低度均衡　/ 120
戴起你的头盔来　/ 121
进步的种子　/ 123

第九章　不完美的世界　/ 127

人真的生而平等吗？　/ 129

谁能定义"帕累托最优" / 131
差别待遇的曲折 / 133
双重标准有什么不好 / 136
人人都采取双重标准 / 138
双重标准的解决之法 / 139

第十章　如何决定众人之事 / 143

不简单的财政学 / 145
好坏之间 / 147
核电之殇 / 149
由个人主义出发 / 152
企业也能用脚投票吗？ / 153
不只是浇花的问题 / 155

第十一章　政府该管多少的事 / 159

最后的一堂课 / 161
政府是万灵丹吗？ / 163
权利的前提 / 165
被课税的烟斗 / 168

鞍贵不买马，拿证据来 /170
现金补贴还是实物补贴 /172

第十二章　无所不在的科斯 /177

灯塔的故事——之一 /179
灯塔的故事——之二 /181
意外之外 /184
其实无所谓 /186
都是成本的问题 /188
一把尺的问题 /191

第十三章　从经济学的角度看政治 /195

经济学者的政治观 /197
寻找心中的那把尺 /199
"一人一票"的谜思 /201
像买汽车一样简单？ /203
公民投票好吗？ /205
没有保证书的世界 /207

第十四章　法律与经济碰撞出的火花　/211

　　皇后的情怀　/213
　　权利的代价　/215
　　法律的功能　/217
　　是非之外　/219
　　做事情的方法　/222
　　传教士精神　/224

第十五章　经济学到底是什么　/227

　　经济学的本质　/229
　　画家与经济学者　/231
　　大学里讲的故事　/233
　　价值的蜕变　/235
　　只是益智游戏吗？　/238
　　答不出问题的学生　/240

第一章　经济学者眼中的世间百态

在社会科学里，常用"模型"来描述一个人在认知这个世界时所用的基本架构。无论模型是粗糙或精致，人都是根据它来认知自己生存的环境，并且决定自己的举止的。譬如，经济学者就是以"人是理性的，能思索；人是自利的，会设法增进自己的福祉"为基础，然后分析人的行为。

如果恐龙回来了

《如果恐龙回来了》是儿子很喜欢的图画故事书之一。在这本适合三到六岁小朋友阅读的故事书里，恐龙庞大的身躯能发挥各式各样的功能。如果恐龙回来了，它可以让油漆工顺着它的背爬上屋顶去刷油漆；如果恐龙回来了，它可以在早上载爸爸去上班；如果恐龙回来了，它还可以伸长颈子好让小朋友把挂在树梢的风筝拿下来；如果恐龙回来了……

自己已经有许久许久没有看童话书了，初看这本《如果恐龙回来了》觉得有点好奇：为什么作者会想到以这个假设性的情节来说故事？作者期望或希望小朋友看了这本书之后会有什么反应？

到现在我还是不清楚作者的用意。不过，对于我这样步入中年已经有一段时日的人来说，这本童话故事书确实有一点启示……

在社会科学里，常用"模型"来描述一个人在认知这个世界时所用的基本架构。譬如，对有些人来说，这个世界就是"善有善报、恶有恶报"。有的人则认为这个世界是"强凌弱、众欺寡"。

无论模型如何，这些人都利用自己所相信的"模型"来观察、了解、阐释以及预测他所看到的现象。

当然，有些人的"模型"可能要复杂一些。譬如，不是"善有善报"，而是"通常善有善报，但是在某些情形下……"。对社会科学研究者而言，在描述人的社会时，则是运用更精致、更严谨的"模型"。譬如，经济学者就是以"人是理性的，能思索；人是自利的，会设法增进自己的福祉"为基础，然后分析人的行为。社会学者则是从家庭、族群、风俗、礼仪这些角度来探讨人的行为。但是，无论是粗糙或精致，人都是根据自己（可能是潜意识里）的模型来认知自己生存的环境，并且决定自己的举止的。

模型的功能除了在解释现象之外，（为什么政治人物多的是热情、豪情，但少的却是友情、真情？为什么会闹的孩子有糖吃？）重要的是还要能预测未来可能的发展。也就是说，模型除了是安身立命的凭借之外，还是面对不可知的未来时能自求多福的法宝。

要判断模型的解释能力如何，最好的办法就是用模型去检验各种实际现象，看看模型所认定的能不能和实际现象互相呼应。可是，解释能力毕竟只是对现状的阐释，既然未来的环境里充满了各种可能的变化，所以，模型的预测能力如何，还必须以其他的方式来评估。

目前的现象当然是由很多条件所构成，如果这些条件发生变化——不论是基于内在或外在的因素——那么，根据模型，条件改变之后的"新世界"会是如何呢？在那个"新世界"里，模型是不是还有解释力呢？（如果世界上的坏人愈来愈多，"善有善报"的模型还成立吗？）以一种"假设性的情况"来测试模型，不但能考验模型的韧性，还能促使模型更简洁精致。愈能经得起假设性情况试炼的模型，显然愈能应付变动不居、充满不可知的世界。

如果恐龙回来了，它可以伸长脖子帮小朋友衔回掉在水里的皮球。如果有独裁野心的政客回来了，这个世界会变得怎么样？大家又该怎么办？如果民主政治变成集体分赃，又是如何？如果……

只以成败论英雄？

为什么运动会里发给各项运动的前三名金银铜牌，而不是依跳得多高、跑得多快、掷得多远给奖？为什么有些工作是"按时计酬"，像快餐店里的服务员；有些工作却是"按件计酬"，像外务员推销商品；而又有些工作是"按位阶计酬"，像公教人员的职等年资？为什么公司总经理的薪水比副总经理的薪水高出好多倍，虽然两个人实际上对公司的贡献并不见得有数倍之差？

美国芝加哥大学的经济学者罗森（Sherwin Rosen）教授在1981年发表了一篇论文，讨论上面的这些问题。有趣的是，罗森教授曾到台湾访问，谈到他那篇已经算是经典之作时，他稍带腼腆地道出当初写那篇论文的动机。当时他接受一个学术单位的委托，想研究在政治过程里，那些政治人物所面临的"报酬结构"到底是什么，又是怎么决定的。

其实，不管工作性质是什么，最理想的报酬方式应该是根据一个人"投入"的多少来支付。一分耕耘应该有一分收获。但是，一个人到底投入多少的心力，往往是很难掌握的资料：即使坐在办公桌前看了八个小时公文，也可能全是心不在焉、视而不见。即使在外面跑外务一整天，可能全花在走马观花或宰予昼寝上。相反，由"产出"也就是"结果"来判断，有时候反而容易一些：不管看公文多么用心或不用心，办出来的公文件数和质量是看得到的。不管在外面跑了多久，推销了几件货品是算得出的！

因此，如果能很轻易地掌握投入的多少，当然可以依投入计酬。可是，当根据投入给付报酬的理想不可得时，只好退而求其次地根据结果来计酬。

然而，根据结果来赏罚也有问题。有很多因素会影响到结果。好的结果不一定是由于个人的努力，坏的结果也不一定是个人的过失：沿街推销百科全书时可能不费吹灰之力就卖了一大堆书，但也可能费尽唇舌而一无所获。所以，当结果受到一些外在的而自己又无法控制的因素所左右时，完全根据结果付酬就不一定是好办法。这时候结合"投入"和"产出"——底薪加分红——可能会好一些。

要克服"不可控制因素的影响"，事实上还有另外一种方式，就是让大家面对同样（不可知）的环境，然后以竞赛的方式，根据最后的相对高下给付报酬。因为参与的人面对同样的环境，受到同样的影响（干扰）。因此，可以根据最后的结果来间接地推断评估每人到底付出多少的心血。而且，竞赛的好处是能诱使参与者做最多和最大的投入——因为我知道其他人会尽力去争取最后的奖赏,所以我一定要全力以赴!

为了使参与者在一连串的竞赛里保持高度的投入,最后的大奖一定是要光彩耀目,要远远超过第二名。因此,总经理的待遇要远超过副总经理,总统的风光要远胜于副总统。这倒不全是因为总经理和总统的责任或能力要远超过副总经理和副总统——他们只是一线之隔,随时可以接手——这种差别的目的,主要是在诱使所有的参与者,从最基层的竞赛开始,都能全心全意地一直朝最后的那个大奖努力。

当然,罗森教授是从经济学的观点来分析竞赛这种报酬结构。心理学家和社会学家可能会认为,竞赛过程本身所引发参与者奋力向上的斗志,以及旁观者由悬疑、紧张、刺激中所得到的满足,或许是竞赛另外一个重要的功能吧!

永恒的试炼

前几天上课时提到,在经济学所探讨的主题里,"选择"是很重要的一个。人生几乎就是由一连串大大小小的选择所构成。

没等我停下来,台上的同学已经举手发问:"以前听别人讲笑话,说如果一个男人陪妈妈和太太去划船,结果船翻了,而两个女人都不会游泳。这时候这个男人应该救自己的妈妈,还是救自己的太太?太太可以再娶,而妈妈只有一个,怎么做选择?"

"现在真的发生了类似的情况。在高速公路上出了车祸。一家四口除了先生略有小伤之外,其余三人——孩子、太太、妈妈都被夹在已经扭曲变形的车子里，而且都受了重伤。这时候先生要先救谁？"

发问的同学一脸诚恳，所以我想他不是在讲笑话。我还没开口，一位在大学时学法律的同学自告奋勇，提出他的见解："他去救哪一个应该都无所谓。不过，根据刑法第××条，如果他三个都不救，那他就犯了刑法上的遗弃罪！"

读法律的人有点幸运，任何事情都可以搬出法律规定当作"参考坐标"。符合规定的就合法，不符合规定的就是违法。我脑海里还没有想到，从经济学的观点该怎么看这个"选择"的问题。不过，我却想到以前看过的一则报道：

"二战时，纳粹处心积虑地要借'种族净化'之名铲除犹太人。有一天，盖世太保拦住一对年轻的夫妇和他们两名稚龄、刚懂事的子女。盖世太保拿枪指着两个小孩，对他们的父母说：两名小孩之中必须留下一名，另一名可以跟父母离开。

"年轻的父母知道留下的子女一定凶多吉少，可是又不得不选。两人在惊慌、恐惧、生死、得失的纠缠下，终于选了他们所希望能保有的子女。他们转过身去，背对着另外那位就要被带走的子女，因为他们不敢去面对孩子眼中那种被遗弃、绝望无助的眼神！"

即使我只是在描述千里之外、过去所发生的一件事，我还是觉得情感上很受震撼。不过，我勉强克制住自己的情绪，讲完故事残酷的结尾：

"等年轻父母做出困难的抉择而浑身颤栗不已之际，盖世太保收起枪支，不怀好意地冷冷丢出一句：'刚才是和你们开玩笑

的，你们走吧！'

"年轻的父母悲喜交集。他们抱住另外那名子女，但却不知道以后一辈子要怎样面对自己，面对这个曾经被自己狠心遗弃的子女！"

我讲完之后，教室里静默了好一阵。然后，一位显然对生命比较有体验的同学开口说话："不论是面对要救孩子、太太、妈妈的选择，或者面对要放弃哪一个子女的选择，只要当时心里很坦然，怎么选择都好。而且，即使事后发觉选错了，或发觉被戏弄了，也无须后悔和懊恼。生命里的考验本来都是充满不确定和不可知的，能问心无愧最重要。"

这段话讲得很好。虽然我知道在学理上这段话是指"在个别事件上论对是非并不好，找出一个能一以贯之的规则比较重要"。不过，生活的智慧并不一定要用学术上的术语来表达，所以我就默不作声。

这时突然有人冒出了一句："如果要我在两个子女之间选一个，我会让他们自己猜拳决定！"这句话一出，其他人笑出声来，冲淡了方才凝重的气氛。不过，我心里想，猜拳也许真是一个好办法，可是幸好我们不需要接受那种残酷的试炼。

一分耕耘一分收获

在研究所教课时讨论到一个经济观念，专有名词是"优势概率特性"。这个观念很有意思。譬如说，农作物每年的收成并不是一成不变的，会受到气候、虫害等因素的影响。可是，虽然收获量出现丰收或歉收的情形都有，但机会较小。最常出现的还是不多不少的收成。所以，收获物的多少就呈现一种像钟形一样的常态分配。

有趣的是"人"的因素对这个"钟形分配"的影响。如果耕种者在除草、施肥、灌溉、防虫、驱鸟这些事上花费多一点的气力，那么这个"钟形分配"会慢慢变形，而且是往右边扭曲。也就是说，当耕种者投入更多的时间气力时，出现好收成的概率会增大，出现坏收成的概率会减小。这就是所谓的"优势概率特性"。

把这个观念用数学符号定义，再画图说明之后，我问研究生："能不能举一些社会上的实际现象来反映这个观念。"研究生们个个不笑也不答。我点名问了几个人，大学念数学系的一个学生沉吟了一下，说："如果一个赌场作弊，用灌了铅的骰子诈赌的话，那么虽然赌场还是可能会输钱，但赢钱的机会显然增加。"

我说，除了这个例子之外，在我们自己的日常生活经验里也有很多现象可以用这个观念来解释，能不能随便举几个例子。又问一位研究生，她考虑一阵，说："还是赌场的骰子。"我反问了一句："赌场是你'日常生活'经验的一部分吗？"

研究生们听了吃吃地笑出声来，我只好自问自答。

读书和考试是一个现成的例子。多花时间在课业上，考试时虽然还是有可能因为其他（试题难易、身体状况等）因素而得到不好的成绩，但显然得到好成绩的概率会增加。追异性朋友也是一样。多下功夫不一定会如愿以偿，还是可能被淘汰出局。但下的功夫愈多，成功的机会显然愈大。事实上，在我们日常生活里每一件事不都几乎是符合优势概率特性的吗？求学、工作、婚姻、生活、事业，都是如此。你付出的多，并不保证你会成功，你还是可能跌得鼻青脸肿、费力不讨好。但是，当你付出的努力愈多时，你赢的机会自然也愈大。一言以蔽之，优势概率特性表示：一分耕耘不一定有一分收获，但是一分耕耘比较可能有一分收获。

进一步地想，优势概率特性还有另一层的含义。虽然天道无亲、常与善人，虽然有志者多半事竟成，但是，即使付出的心血再多，还是有可能种瓜得豆、欲益反损。即使父母对子女的照顾无微不至，对子女的未来赋予无穷的期（厚）望，但是，当子女长大之后，还是有可能变成一个完全和你的希望相反的模样。因此，一旦出现"坏收成"，造成收获和付出不成比例，在心情上也就无须太难过、太悲伤，甚至过分地自怨自艾或怨天尤人，因为出现"坏收成"的概率永远存在！

既然投入的心血再多，还是有可能付诸东流、一无所得，这么一联想，是不是表示干脆就随兴所至，无可无不可？反正付出再多还是可能一事无成，所以也不需特别在意。这也不尽然！优势概率特性意味的是：当你愈努力，你得到"好收成"的机会也愈大。而且，更深一层的含义是：付出多一点的努力、心血，隐含着一种自我突破和自我超越，这本身就是一种成就，是一种（心理上的）收获。所以，即使最后的结果不（一定）好，在付出和努力的过程中对自己所产生的刺激、挑战，也许就是推动人类文明进步的基本动力吧！

研究生们听了表情不一,我不知道他们到底有没有听懂我的意思。不过,想到老师的付出和学生的收获也是符合优势概率特性的,我心里就觉得稍微坦然一些。

"基本需要"与"品位"之间

过去在美国读书时,曾经当过贝克曼(Martin J.Beckmann)教授的助教。贝克曼教授是德裔美国人,他往返美国和德国之间讲学,在区域经济学界有相当的分量。

贝克曼教授年过六十,有点心不在焉。有一次他走进课堂,开始上课。讲了半个小时之后,发现学生似乎毫无反应。所以,他讲了个笑话,希望振奋一下学生的情绪。结果,学生还是纹丝不动。搞了半天他才发现原来自己是在用德语对一群美国学生讲课!

他虽然外表上有点漫不经心,但学问很扎实。有一次他提到曾经在报纸上发表的一篇文章,分析一个普通、成年的美国人一天里正常的饮食。他发现,为了摄取足够的热量和营养,如果只购买最便宜的食物像马铃薯、苹果、面包、奶油等等,那么,一个人一天大约只要花美金一块多就够了。

文章刊登之后,报上的读者投书和评论一片嘲讽,说任何一个正常人都不会只购买那些最便宜的消费组合,经济学家真是枯燥无味、了无情趣!

贝克曼教授在课堂上有点委屈地说,读者误解了他的本意。

他的用意是，虽然一个人一天只要花一块多就可以买到所有他需要的营养，可是几乎所有的人都不这么做。这正好反映人的品位是多么的重要——人愿意为自己的好恶取舍多付出许多许多。

贝克曼教授"人为自己的品位而活"的观点确实很发人深省。

除了饮食之外，人在生活其他面向上有哪一点是达到基本需要就了事的？老实说，衣服其实只要有两套就够了，一套穿在身上，一套洗。可是，有谁喜欢只有两套衣服？在"行"的方面，有谁的轿车是纯粹的"阳春车"？哪一部车里没有一些额外的配备，谁的车子里没有一些摆设装饰？以"住"来说，不论是租别人的房子或住自己的房子，有谁的卧室是像军营里的上下铺或行军床？有谁的客厅里没有一些书籍、洋酒、音响、电视、盆景、茶具之类的东西？因此，人虽然可以过得很简单朴素，但绝大部分的人事实上都很复杂奢侈。而且，仔细想想，音乐、美术、诗词、歌赋，都是属于基本生活之外的东西。人可以没有这些东西而活，但是那种仅仅是肉体上蔽体果腹的生存又有什么意义呢？

就某种意义来说，"简单朴素"和"复杂奢侈"之间的距离可以说正反映了人所拥有的自由。这种差距的存在一方面表示人已经挣脱了自然条件的限制，不再处于衣食仅足以蔽体果腹的阶段。另一方面，这种差距更意味着人与人之间已经处于某种彼此尊重、彼此容忍，甚至彼此欣赏的情况，在一个口令一个动作或弱肉强食的社会里，不可能有百花齐放、各擅胜场的景象。因此，愈能容许一个人追求自己品位的社会，很可能就是文明程度愈高的社会！

其实,稍微联想一下,"环保和经济发展"的争议在本质上不也和生活品位有关吗?各种形式的宣传包装当然会制造垃圾,因此在理论上都可以避免。然而,生活的情趣不就在于那些基本要素之外的东西吗?有谁喜欢收到一束废报纸包装的鲜花?有谁喜欢每天穿着面粉袋一样的衣服,一成不变?

不知道贝克曼教授是怎么想"自由和文明""环保与经济发展"之类的问题。不过,据说他很讲究生活的品位,每餐都要有红酒点缀,而且是要指定厂牌的德国红酒。

A 和 B 之间

戈登·塔洛克(Gordon Tullock)教授在大学里主修的是法律,毕业之后又修过一些东亚关系的课程。二战结束没多久,他被派到美国驻天津的领事馆服务。工作之余,他四处游历,接触当地的风土人情。因为他个性爽朗,有敏锐的观察力,再加上好学深思、不含成见,所以没多久他就变成了一个还不错的"中国通"。

塔洛克教授在进进出出天津的租界时注意到一个很有趣的现象,就是租界里的房子都比租界外的房子高。由租界里往外走,一到租界边上,所有的房子都像被锯子锯过似的矮了一截。租界里也比租界外整洁,租界外的中国人都想往租界里搬。而且,租界里的中国人似乎都比较有钱。塔洛克发现这些人并不都是因为有钱才能搬进租界,而是搬进租界之后就好像换了个人似的,生意都做得比较大、比较成功。

塔氏觉得很困惑，为什么租界里外有这么大的差别。如果说是因为租界里的这些"洋鬼子"创造（维持）了一个比较有章法的社会秩序，所以里面的中国人比较能人尽其才地自求多福，那么，为什么中国人自己没有发展出这样的环境呢？塔洛克教授更进一步地想：为什么中国人在文学、艺术上有极其精致璀璨、令人叹为观止的成就，一般人民又都很勤奋务实，可是却没有发展出一套典章制度能让大家同谋其利？其实，并不只是中国如此，印度也是一样。印度人在自然科学和人文科学上的成就非常可观，绝不输给任何民族。但是，绝大部分的印度人却都是在贫困里生老病死。而且，印度社会里种族之间、种族之内的争夺倾轧似乎已经形成恶性循环，一点都没有变好的迹象。

为什么呢？为什么分开来看中国人（印度人）个个都既聪明，又有勤劳、坚忍的美德，但合在一起却成了一群"丑陋的中国人"？柏杨、龙应台对社会现象的刻画鞭辟入里、痛快淋漓，让我们更深切地体会到"酱缸文化"的荒谬可笑和"台北市是世界上最丑陋的城市"。但是，我们在"深获我心""大呼过瘾"之余却也是思之凄哽、不能自已——因为我们就置身其中，因为我们自己也（就）是问题的一部分……

人类学家陈其南教授在一次演讲里指出：中国人和中国社会确实有很多的缺点，但是一般的讨论往往只是在指责现状，也就是只在"A"和"非A"上打转，而不是提出一个比较好的"B"来取而代之。想得更深刻一些，我们都承认中国人身上存在问题，我们也都知道现状不理想。但是，往后看，我们该探究为什么中国人会变得如此"丑陋"，是哪些因素使你我变成如此模样。往前看,我们该思索的是怎么样可以使中国人变得比较"不丑陋",通过哪些具体可行的手段可以使你我(或你我的子孙)变得比较"不丑陋"一些。

塔洛克教授回到美国后,因缘际会下和詹姆斯·布坎南(James M. Buchanan, Jr.)一起研究,两个人联手开创了一门新的研究领域(布坎南还因此得到诺贝尔经济学奖)。在一本论文集里,塔氏重提他在天津的经历。但是,对于"中国人很聪明勤奋,可是为什么大部分的中国人都很穷"这个问题,他还没有找出答案,也还在继续思索……

第二章　入境问俗

规矩习惯反映一个社会的文化背景、经济结构，但不必然是"吃人的礼教"。规矩习惯的重要功能之一是提高人与人之间互动的效率，减少"交易成本"。换句话说，规矩习惯有润滑的作用。而规矩习惯显然不是一成不变的。在现代社会，以知识判断是非的成分增加，以经验揣测祸福的成分减少。

盖反的印章

前几天出公差，去改基层金融特考的试卷。我随身只带了红笔和私章。每改完一个封套里所有的试卷，再一口气在所有的试卷封面上盖私章。

有一次盖章时，忘了先看看印章上名字的方向，连盖两份卷子之后，才发现自己的名字上下颠倒。我稍微踌躇，不知道该不该划去颠倒的名字再盖一次……

自己想想也觉得好笑，为什么印章盖反了会觉得不对，认为名字"应该"头上脚下？盖章的目的不是只在于表明身份，以示负责吗？难道头下脚上就看不出是谁了吗？大不了把试卷上下一转，不还是能看清楚盖章的是谁！难道法律上有规定，盖章一定要头上脚下吗？

仔细想想，由盖印章这件小事上还真能得出一些有趣的体会。

在群居的社会里，会慢慢地发展出各式各样的风俗、习惯、礼仪、规矩。对外人来说，这些风俗习惯、礼仪规矩有的很奇怪、有的似乎很荒谬。但是，只要稍加思索，都可以体会琢磨出它们的意义所在。这些成文或不成文的想法、做法，目的都是使这个社会的人能驱祸避害，进而自求多福。因此，靠海的社会往往培养子弟和大自然搏斗的韧性；经常有敌国外患的社会在养育子弟时会强调在精神上要独立自主、不依赖亲人；爱斯基摩人在冰天雪地里散落而居，所以血缘亲戚之间的关系很淡薄，但是在传统里却发展出一种观念，就是鼓励对患难中的陌生人施以援手——在那种艰困险恶的环境里发生急难时，亲人不一定在附近，当然只好求助刚好在场的陌生人。人类学家甚至发现，有某一部族的人坚信：如果在赶往市集的途中，就把自己袋子里的"商品"卖给遇上的路人，会有灾难临头。稍稍沉吟，这不过是希望大家把商品都带到市集上然后再交易罢了！

当然，并不是所有的习俗礼仪最后都产生了正面的功能。在很多社会里传统上重男轻女，因此女性没有机会受教育，更没有机会和男性一样一展所长。这对女性自己和社会整体，可以说都是极为可观的损失和浪费。社会学者也曾经报道过，有一个非洲部落奉行一种传统：当族人过世之后，其他的人会把死者所有的财产遗物收集在一起，然后放火焚化。因为流传已久，所以这个传统的原始目的已经不可考。也许这么做可以避免财富慢慢集中而造成的贫富差距过大。但是，这种传统显而易见的后果是资本不能累积，形成对工商业发展的阻碍。

就以用印来说，外国人不用印章，一向以个人的签名为准，不知省下了多少的麻烦，也没有什么缺失。中国人认章不认人，一切以印章为准。不但形成一个刻章制印的（小）行业，还繁衍出金石铭刻的艺术和学问。然而，因为用印章所带来的困扰和不便，几千年累积下来不知又浪费了多少的人力、物力和时间！

一阵迟疑之后，我终究没有让我的名字头下脚上。我重新盖了两个章，免得回家之后被电话通知再来补盖修正。不过，我一边把剩下的考卷盖完，一边怀疑自己向传统流俗低头是不是也表示自己已经开始老了……

为什么不能用红笔填提款单？

常常看到有些散文作家对路旁的小花或沉睡的婴儿表示赞叹和感动，认为能从这些小地方上体会出生命的奥妙。其实，不只是小花和婴儿，由我们日常生活里的点点滴滴，只要稍稍思索，几乎都能琢磨出一些对神奇和脆弱的"人"深刻而细致的认识。

几年前有一次到邮局去提款，身上刚好只有一支红笔（好为人师惯了，可以随时校正别人的错误），就用红笔填了提款单。柜台小姐拿到单子一看，说不能用红笔填，要我再写一张。我问她为什么红笔不行，看得清楚不就行了吗？她说规定如此，一定要我再填一张，否则不受理。我的脾气来了，要她把规定拿出来。旁边的行员纷纷过来帮腔，说大专联考也规定不能用红笔作答等等。我说考试是怕透露身份和干扰批阅，所以不能用红笔，提款有什么顾虑。我的声音愈来愈大，支局的主管出面打圆场。他觉得用红笔写提款单很少见，"好像"不太对。可是，他也不能确定法规里有没有规定不能用红笔。我请他打电话到邮政总局的法规室去查。

我气呼呼地站在窗口，几分钟之后，主管略带腼腆地走过来说，邮政法规上没有规定不能用红笔写，所以我不需要另外再写一张。不过，他说，请我下次还是用蓝色或黑色的笔写，他们比较"心安"一些。

当时只觉得痛快，心神气爽。平常受够了邮局的气，这下总算一清宿怨。可是，当时却并没有仔细去想这件事背后的含义。等到后来读制度经济学里的一些文献，才慢慢体会出一点道理。

当一个人自处的时候，往往会养成某些习惯。譬如早上出门前先照镜子整理仪容，晚上散步顺便把垃圾拿出去丢等等。不论这些习惯是大是小、是好是坏，背后的功能其实都是一样的，养成这些习惯的目的都是使自己的生活过得更顺畅一些。

人多的时候也会发展出一些规矩、风俗、习惯。譬如，狭桥相逢，过往双方都靠右走。或者，到市场买东西时，先到先服务，而不是依买的多少或年龄大小来排先后。不论这些做法是什么，只要大部分的人都接受、都遵守，也都对违规者加以谴责约束，这些规矩、习惯、风俗就能被维系、被保存和被延续。因此，在相当的程度上，这些"传统"只是约定俗成，而没有道德是非上的高下。所以，在我们这里大家开车靠右行，在英国大家靠左行；在我们这里大家先付小费给导游和游览车司机，在美国是旅程结束后才给。不管怎么做，只要大家都依样画葫芦，往往就能各得其所、皆大欢喜。

当大家都对这些传统奉行不渝、习以为常的时候，这些传统很可能就慢慢地有了一些道德上的内涵：照传统行事的是安分守己，不循传统的是找麻烦、捣蛋、居心叵测。因为不按常理出牌的行为不但对其他人是一种信念和心理上的刺激和冲击，而且还可能造成干扰和破坏（想想在大排长龙买票的队伍里有人突然插队，或高速公路上有人开始蛇行的例子）。所以，对于"反传统"的行为在道德上加以臧否，其实是很正常的。

当然，从另外一个角度来看，在日积月累之后，某些传统也可能成为一种知其然而不知其所以然的"仪式"。原来的功能已经式微或消失，但表面上的形式还是被维持着。这时候这种仪式化的传统不但不能增进众人的福祉，反而可能纯粹是耗费精神物力，甚至妨碍社会的进步，想想"父母在不远游"和"安土重迁"的意义。

用红笔写提款单实在不是什么大不了的事。但是，就像婴儿和小花一样，重要的是它背后的含义。当然，比起婴儿和小花，用红笔写提款单所隐含的社会意义恐怕要深远得多吧！

价值的凝结

前几天在教员休息室里看报纸时和其他几位老师闲聊了起来，不知怎么扯到大学教育收费的问题。几个人似乎都赞成应该提高学费，符合使用者付费的精神。坐在旁边的一位老师突然笑着插了一句："你们留美的人大概都赞成高学费政策。可是，我过去在德国留学，我很清楚，几乎所有的德国人都认为大学教育的经费应该由国家负担！"

既然正反的意见都有，而且只是闲聊，就换到别的话题上去。

不过，那位留德老师的话却一直印在我的脑海里，久久不去。

在美国社会里，非常强调个人价值。一个人独立自主的权利要受到绝对的尊重。所以，法律上对个人的思想、言论，乃至于隐私的保障都很周密。当然，对个人权利尊重的同时也隐含着个人必须积极地负起自己的责任。初等和中等教育是基础教育，由政府（也就是一般纳税人）负担成本当然说得过去。可是，大专以上的教育并不是必需的，一个人高中毕业之后就开始工作，也没有什么不好。因此，如果一个人选择要继续接受教育，进一步改善自己的条件，那么，这种追求的成本当然应该自己负担，而不应该让一般纳税人负担。高学费政策反映个人责任，合情合理。

德国社会里的低学费政策想来也有道理。如果一般人相信在个人之上还有更高层次的价值，而且是由国家以及代表国家的政府来实现这些价值，那么，只要一般人民相信政府有办教育以培养下一代的责任，由政府出钱来办高等教育并没有什么不好。对于那些没有继续读大学的子弟，政府还是会在就业等其他方面照顾他们。所以，低学费政策几乎是理所当然。

同样是大学教育，在两个社会里可以有非常不同、几乎是南辕北辙的取舍。显然，一件事的是非曲直并没有绝对的准则，而要视环境而定。而且，仔细想想，决定善恶良否最重要的准则还是环境里的大多数人怎么想。在美国，大多数人觉得自己付钱受教育是应该的，所以高等教育就"使用者付费"。在德国，大部分人认为政府有育民化民的责任，所以高等教育就由政府出钱。两种做法有天壤之别，但都反映了各自环境里的特色，也都和各自环境里大多数人的想法相吻合。

在美国和德国这两个社会里，对"个人"和"政府"这两者在认知和观念上的差别当然绝不限于在高等教育收费标准这件事上，在其他有关于个人的权利义务、政府的权利义务，乃至于一般人生活里大大小小的各个面向上，都有明显的差别。所以，观念会影响到制度的设计和取舍，而制度的精神又会影响到观念的塑造和延续。观念和制度彼此支持，也彼此配合。

既然观念和制度是彼此呼应的，而观念和制度的形成凝结都需要漫长的时间，所以，对于一个正在变动和成长的社会来说，也许重要的是要多花些时间、心力去反省、去检讨，如何能让自己这个社会里的观念和制度彼此协调、互相与援，而不是不断地花心思去模仿、采撷，甚至断章取义、生吞活剥地抄袭其他社会的观念和制度。

上一次坐飞机时看到机内杂志里的一则趣闻：在德国，父母为新生子女取的名字必须要得到政府的核准，最近德国政府驳回了一对夫妇的申请，因为他们为自己的儿子取名为"上帝"。同一本杂志里还有一张照片，是一个美国年轻人把国旗缝成短裤穿在身上……

制度的基础

经济学对人类行为的基本假设是：人是自利的，而且人是有理性的。因此，人会借着他（不完美）的理性去追求自己的福祉。在这个趋福避祸的过程里，人当然会借着采取某些做法，或设计某种安排，使这个过程容易一些。"制度"可以说就是在这种背景下的产物。通过某种制度，人可以兴利除害。所以，婚姻制度的男主外女主内（或相反）是"分工"，彼此扶持是"保险"，生育繁衍是"投资"和"储蓄"。

不论制度的形式和范围如何，任何制度在本质上可以说都是一种工具，是人（或人们）设计或采纳以求增进福祉的媒介。既然是工具，当然是可以被改变和被调整的。制度的出现、演进乃至消逝，就是看环境里对这个制度需要和依赖的程度而定。

制度是累积的。这有两层意义：一方面，制度会随着时空条件的变化而跟着调整；另一方面，制度一旦建立而且能发挥作用，那么，在现有制度的基础上，就可以进一步地发展其他的制度。而且，基础愈扎实、愈广泛，就愈能衍生出更繁复精致的"新制度"。以所得税和相关的一些制度为例，在比较粗糙的经济体系里，只有片断零碎的交易记录，因此不太可能课所得税，而多半是对财产课税。当经济活动发展到某一个程度之后，才可能针对年度所得课税。而且，只有当各种数据的记载更周密时，才能采取薪资扣缴的做法。在薪资扣缴这种做法建立之后，还可以利用同样的资料作为社会保险制度的依据。金融市场也可以利用同样的数据作为信用评估和授信的基础。一个人的信用数据更可以进一步地成为个人在谋职、借贷、购买房屋或汽车时的参考佐证数据。

制度与制度之间是一种彼此依存的关系。某个制度能够发挥作用，是依赖其他制度的配合支持。同时，这个制度本身也成为配合和支持其他制度的力量。既然制度是一种工具，所以制度本身隐含的就是一种"功能",也就是"价值"的产生。通过制度的建立和运用,人类增加了自己所能掌握和运用的资源。所以,制度的范围愈广、层级愈厚,表示人的自由度愈高,所能成就的事情也愈多。一个高度发展的社会,必然拥有繁复庞杂的制度结构。

最近到美国一趟,参观访问一些金融机构,就深深体会到这种"制度之上再建制度,价值之上创造价值",由制度堆砌成金字塔的现象……

美国的金融市场相当发达,所以衍生出很多繁复的金融产品。譬如,由十数个到数十个商业银行共同出资,另外成立一个银行。再由这个新银行专门提供某些特别的融资。新成立的银行独立运作,组织的形式可以是营利性或非营利性,贷款融资也循正常的程序评估审核。还有,小银行可以先贷款给十数百个个别的客户,然后,再把这些贷款"捆成一束"转卖给一个较大的银行。小银行少赚一两个百分点的利息,但同时也减少了自己承担的风险。大银行不需要直接介入地区性的市场,但可以以自己庞大的资产做基础,借着发挥"保险公司"的功能而赚取那一两个百分点的利息。大银行汇集一些"贷款束"之后,可以再转卖给更大的银行。这个过程可以一直延续下去,直到无利可图为止。

回顾一下,我们这个社会的典章制度有多繁复呢?又积累得有多深厚呢?

相对绝对的绝对

1986年诺贝尔奖得主布坎南在得奖之后，有两年左右的时间接受世界各地的邀请，云游四海地传播他所创学门"公共选择"的教义。其间，他曾到夏威夷大学做过一系列的演讲，其中一篇讲词的题目是《相对绝对的绝对》。

在这篇讲稿里，布坎南用很多日常生活的例子来阐释一个他认为很重要的观念。

每个人早上起床之后，大多会习惯性地刷牙洗脸如厕（或如厕洗脸刷牙）。穿衣出门后，也多会遵循数（十）年如一日同样的路线上班上学。在待人接物、言行举止上，也不自觉地会有一些习惯性的动作取舍。客观看来，这些生活上的习惯可以说是人有意识或无意愿所选择的"规则"。这些大大小小规则的作用，在于使人能够更迅速有效地行动。因为能不假思索地做某些事，所以可以省下气力时间精神去应付生活里其他比较困难复杂的事。

"规则"当然隐含着某种规律，在某种意义上也就是一种"僵固性"，比较没有弹性，没有变化。每天看同样的报纸，就失去了享受看其他报纸趣味的机会；坚持滴酒不沾、不打麻将，也少了体验另一种生活情趣的可能。不过，得失总是相对的，按规则照章行事的好处就在于能明确无误地因应取舍。所以，权衡斟酌之后，也许"规则化"的做法是得大于失。

按规则行事当然也隐含着一种"限制"，因为按照规则，就不能（不会）去做规则之外的事。不过，既然这些规则是一个人的抉择，所以并不是绝对的，而是可以更动调整的。即使是更僵硬而没有弹性的限制——一个受了专业训练的技师、从事一项高度特殊的工作——也并不是绝对的。只要愿意负担成本，人总是可以挣脱限制自求多福——中年转业是困难，但不是不可能。

因此，"相对绝对的绝对"蕴含着非常积极的意义：对于一个社会而言，即使是最僵硬、庄严、凝重的宪法，也只是"相对绝对的绝对"。随着时空的递移，一个社会可以而且应该试着调整宪政规章，以因应环境的变迁。对于民主政治运作所呈现出来的病症，社会成员甚至更应该画地自限、作茧自缚，有意识地采纳一些具有"相对绝对的绝对"这种特性的限制。

其实，布坎南的观点还可做进一步引申。规则指的不一定是对行为的约束，道德和伦理上的规范也是限制。对个人而言，诚实、善良、乐于助人、乐天知命都是观念上的规则和限制。对社会而言，守法、公正、负责尽职、忠勇爱国等等，也都有规范行为举止、希望能发挥自求多福和利己利人的作用。因此，"价值观"本身就是一种规则，也当然是一套可以与时俱进的观念。

事实上，价值观念更具有提供"参考点"的功能。不论是个人在决定自己的行为取舍，或是社会在裁量政策上的兴革存废，都会以自己或社会所接受的价值作为参考坐标。根据这个参考坐标上所显示和隐含的利弊良窳、善恶美丑，个人和社会才能因应源源不绝的各种问题和挑战。

如果"价值"是一种参考坐标，那么，由各种价值取舍通过市场交易的汇集撮合，最后所呈现出来的千千万万个"价格"是不是更是触目可见、俯首可拾的参考点？还有，如果价值是一种限制，价格是不是也是另一种限制呢？价格是不是也具有"相对绝对的绝对"这种特性？

在法律和规矩之外

社会问题是由于人与人之间的交往而产生的。如果世界上只有一个人，就不会有所谓的社会问题。当鲁滨孙漂流到孤岛上的时候，他可以唯我独尊、夜郎自大，可以随兴所至、为所欲为。因为不和其他的人发生互动的关系，也就没有摩擦、妥协、争议、合作，当然也就不需要任何典章制度来规范或约束行为。

在摩肩接踵、往来繁杂的社会里，人际关系复杂，人类的交往借着各种媒介（或机能）而达成。笑容传递善意喜悦，文字表达思想意念，金钱往来促成交易，法令规章约束行为。以金钱完成的交易往往是在市场里进行，而最令人向往的市场结构是完全竞争的市场。在完全竞争的市场里，交易的双方都没有垄断力，都不能影响价格。价格是由"一只看不见的手"借着调节供需而决定。在其他性质的市场里，交易也都是在买卖双方自由的意志下达成，高低并无限制。相较之下，法律对行为的规范，可以说刚好是和"价格由买卖双方自由决定"构成极端的对比。法律所界定的尺度是绝对的，不依交往双方的身份而异。法律也设定了人际关系的底线，逾越底线的行为或不行为都要受到劝诫或矫正。一言以蔽之，以价格完成的交易是自由意志的反映，而法律则界定了行为的疆界。

人与人之间行为受到价格和法律的影响固然重要，但是以金钱（或价格）为媒介的交换行为只占人类诸多互动关系的一小部分。受法令规章约束的行为也是如此。大部分的互动交往是靠一般人接受的风俗习惯、规矩传统来达成。而这些规矩习惯，则有赖于人与人间彼此的信任和基本的善意来维系。邻居之间的守望相助和价格无关，师生之间的授业解惑也不能全靠法令的规范。朋友往还时礼尚往来是习惯，觥筹交错时先敬主人长者是规矩，都无关于价格或法律。

规矩习惯反映一个社会的文化背景、经济结构，但不必然是"吃人的礼教"（规矩指方圆，可以不含价值判断）。规矩习惯的重要功能之一是提高人与人之间互动的效率，减少"交易成本"。换句话说，规矩习惯有润滑的作用。假设两辆车子在一条没有中心线的道路上会车，如果不谈规矩习惯，我们不知道两辆车各自会采取什么措施。但是，因为有习惯规矩，我们知道：如果你是在英国，你该靠左；如果你是在中国大陆，你该靠右边。因为有规矩习惯，两车可以顺利会车。在农业社会，年长者受到礼让，这是规矩。因为他们能根据岁月累积下的经验指引方向、提供智慧，而村落部族也得以在灾连祸结里趋吉避凶。在现代社会，以知识判断是非的成分增加，以经验揣测祸福的成分减少。社会的规矩习惯里对年长者的尊奉已大不如从前，真可以说是有以致之。

规矩习惯显然不是一成不变的。要成为规矩习惯，这些行为或做法一定要经过时间的考验，为相当多数的人所接受而形成。因此，规矩习惯必然不是走在时代的尖端，而是在时尚的波折起伏下沉淀累积。打断总统的话、直呼其名不一定违法。在议事场里拔麦克风、掀主席台，别人也莫可奈何。但是，在施与受之间，在取与舍之间，却不能不叫人俯首沉思：这些只是波涛起伏时冲激出的浪花，很快地就随风飘逝呢？还是会相沿成风变成这个社会规矩习惯的一部分呢？

和宇宙的时空相比，人类的历史不算长。和人类的历史相比，个人的生命更如吉光片羽。因此，受到先天条件上的限制，个人凭一己之力所能累积的智慧和经验都极为有限。从历史中领略法则、撷取教训是智者所能。对一般人而言，世代之间累积传承的经验智慧是安身立命所系。而规矩习惯就是这种累积传承的表现。

虽然并没有绝对的标准可以论断，但是规矩习惯当然也有高下优劣之分。有一些指标或许可以用来评估：这些规矩习惯是不是已经成为繁文缛节？是不是已经变成只知其然而不知其所以然的仪式？更深一层的考虑是：这些规矩习惯是不是尊重个人的尊严？是不是尊重他人的尊严？就社会整体而言，对于现存的规矩习惯是不是能去其偏倚、汰芜存菁，是不是能自我反省、自我调适？这样才能使这些规矩习惯与时俱进，历久而弥新。

社会正快速地变动着，新的秩序，新的典章制度正逐渐地形成。现有的规矩习惯当然也正接受考验。在这个蜕变的过程里，为人师长者、为人父母者、领率群伦者，固然都有移风易俗、化己成人的责任。但是，其他的个人是不是也该在一己的范围里反躬自省，在沉吟之后有所取舍……

第三章　理性与自利

和心理学对"人"精确细致的掌握相比,经济学以"理性"和"自利"来描述人似乎有点粗糙。但是,最基本也最重要的问题是:基于这两个(也许有点天真的)假设,通过经济学者的研究,我们是不是对人类的(经济)活动有更深入的了解,是不是也因此而更清楚调整和改进的方向?

两个基本假设

在经济学这个学科里,各种门派和学说一向是百家争鸣、百花齐放。两个经济学者往往有三种(或更多)的意见。可是,几乎所有的经济学者都接受经济分析的两大假设:人是自利的,而且人是理性的。然而,一般人根据自己日常生活的经验,直觉的反应却是:人的行为在很多时候都是"不理性的"。而且,对自己亲朋好友的付出,对其他人的关怀,这些人情之常好像也都和"自利"格格不入。这么看来,经济学者到底是不是在一些空中楼阁里自得其乐?

要回答这个问题,可以把经济学和其他同样研究"人"的学科做一比较。以心理学的分支之一"人格心理学"为例,这个学科主要是探讨"人"的各种行为背后的人格特征。根据人的生理结构、潜意识的功能、成长的过程乃至于人类经验的积累传承等等,人格心理学里也有相当多的学派。人格心理学对于复杂的"人"所做的了解和解释,显然比经济学以"自利""理性"这简单两点来刻画人要深入精确得多。

心理学探讨的主体可以说是单独的"个人"。探讨的目的是在增进对这些"个人"的了解,并且希望能使这些"个人"的生活变得好一点。但是,经济学探讨的主体是社会这整个"经济"。经济学者希望能掌握住经济活动的脉动,并且辨认出影响经济脉动最主要的几个因素。既然"个人"是参与经济活动的基本单位,因此,对个人的动机和行为所做的描述,主要是在于反映大部分的"个人"在参与"经济活动"时所表现出来的特质。

在这种背景之下,再想想"理性"和"自利"这两个假设,似乎就不是那么突兀、那么不可思议了。在小事情上,像市场里买水果、百货公司里买家电,在大事情上,像买汽车、投资房地产,每个人都可以自问:在做这些考虑时,自己是不是会尽可能地想法子让"自己"而不是让"对方"的福祉增加?如果答案是肯定的,这不就是"理性"和"自利"的反映吗?

事实上,个人"理性"和"自利"的特色还不只是表现在"经济活动"上而已。个人在求学、工作,乃至选举、纳税这些事情上,还不是在相当的程度上会(尽可能)理性地自求多福吗?这也就是为什么经济学者也开始借着经济学所发展出来的分析工具,去探讨人类其他"非经济性"的活动,像家庭、婚姻、政治、法律等等,而且都已经有丰硕的成果。

和心理学对"人"精确细致的掌握相比,经济学以"理性"和"自利"来描述人似乎有点粗糙。但是,最基本也最重要的问题是:基于这两个(也许有点天真的)假设,通过经济学者的研究,我们是不是对人类的(经济)活动有更深入的了解,是不是也因此而更清楚调整和改进的方向?

想一想,假设社会上大部分的人是"不理性"而且是"利他的",我们是不是更能解释自己日常生活里所经验的人和事呢?

经济学者的自利动机

学校放暑假,"理论上"老师们可以大喘一口气,试着纾缓一年来的辛劳,也储备来年应战的资源。但是,理论和实际总有一段距离。有时候暑假里遇到的问题比学期中还麻烦!

昨天下午我正在研究室里闭目养神时,以前教过的学生闯进来。他毕业后在一家金融刊物做事。闲扯了一阵之后,他说几天前在报纸上看到我写的一篇短评。他觉得很有启发性。不过,他问我写那种短评的目的是什么?我不假思索地顺口答道:"社会教育!希望能为一般读者提供一些思考上的参考点。"

他接着问:"在写文章的时候,难道老师不是希望让别人看了文章之后,知道自己很聪明,竟然还有这么精致特别的观点吗?"

我知道自己不是很聪明的人,起码我不知道该怎么回答他那个问题。可是,他的问题很有意思。所以,在他走后,我就翻档案柜里的论文,看看其他的学者是怎么想的……

因为我不是很聪明,所以翻了半天(不是十二小时,是半个小时左右),终于找到一份相关的资料。1982年诺贝尔经济学奖得主斯蒂格勒曾在一篇名为《知识分子和市场》的论文里谈到"自利动机"。他说,虽然他知道一直有公私立机构的人想收买经济学者（的意见），但是，他从来没有看过，也从没有怀疑过有任何一位像样的经济学者会出卖他专业上的信念。而且，对很多好的经济学者而言，不当教授而做其他的事可能收入更多。所以，从这个观点来看，经济学者毫无疑问并不是唯（私）利是图的一帮人。接着，他说：

"可是，从另外一个角度来看，驱使经济学者的力量到底是什么，并不很清楚。当他们竭尽所能试着去解决一个难题时，对知识的喜好是不是完全盖过对提升自己专业地位的野心呢？我怀疑。当他们写文章指明别的学者所犯的谬误时，他们对错误的憎嫌难道从不掺有一丝丝'看吧，我很聪明'的喜悦吗？我怀疑！"

斯氏的话点出了一个深刻的体会：即使在最客观、最价值中立的学术领域里，还是免不了有个人私利的考虑。因此，人的"自利动机"可以说真是放诸四海而皆准的原则。

进一步地想，在大部分的情形下，重要的往往并不是你的"动机"，而是你行为的"结果"。因为你的动机别人看不到，但是别人却可以看得到你的结果，也就可以根据"结果"而有好坏高下的评价。因此，不管你写论文的动机是想跳槽到更好的学校，或是想让别人知道你很聪明，或是想争取调薪，或是想躲在研究室里免得回家受太太（先生）的气，或是想造福人类，都无所谓。重要的是你写出好的论文，能增加知识的积累，也能让别的研究者受惠。

虽然我不是很聪明的人，不过我从这件事中得到一个经验：我应该预先准备一些招数，好在学生问我问题而我答不出来的时候派上用场。要不然学生一问问题我就傻住，看起来"好像是"

很不聪明的样子……

个人主义的极限

上课时讨论到"个人主义"的观念，我提到消极和积极的意义。

从消极的方面来说，现代民主社会强调主权在民。所以，一切讨论的起点由"个人"开始是很正常的。

从积极角度来看，把个人当作分析的起点，是因为有血有肉的人才有感受喜怒哀乐的能力。很难想象有其他超越个人、属于更高层次的价值，而这些价值也有感受情绪起伏的能力。而且，由个人主义出发，也为社会兴革注入了积极、正面的意义——因为人的好恶会随着时空条件的更迭而变化。所以，可以试着寻求对典章制度的改善，以增进个人（们）的福祉。如果在个人之上有更高的价值，而这个价值有它绝对独立的意义，那么，改革进步的动力由何而来？

我讲完之后，请台下的同学发表自己的想法。有一两位说还是不能接受强调个人价值的理念。可是，有比较多的同学表示，以前一直认为个人主义隐含的就是自私自利的个人，但是，课前看了我写的几篇阐释个人主义的文章，现在又听我的说明，已经渐渐能体会到个人主义的内涵，对于个人主义不再排斥。不过，在强调个人主义、尊重个人想法之外，似乎也应该顾虑到"其他人"，免得变成有我无他。

对于同学们观念上的转折，我暗自欣慰。于是就又强调了一下个人主义的意义：当我们听到或看到"国家在哭泣""举国同悲"这些话语的同时，我们是联想到有一个东西叫作"国家"，它在掉眼泪，还是这个国家里有很多很多的"人"——活生生的人——在难过拭泪？所以，只有"个人"才具有感受的能力，也才是一切价值的根源。

台下有人微微点头。我继续说……

刚才有同学表示，除了对个人的尊重之外，还要多顾虑到别人。可是，事实上我们可以把个人主义扩展到极致：一切都由个人出发来考虑，也只以个人利害为考虑。即使是采取这种极端的立场，都可以推演出一种不错的结果……

如果你住在一幢公寓里，只考虑到自己的方便，自己公寓外的地扫也不扫、清洁费也不缴、深夜十二点以后还门户大开地练唱卡拉OK。这可是"个人主义"到极点了。不过，既然是公寓，总还有其他的人住在里面。你不扫地，别人当然也不会扫。你不缴费，别人也不是傻瓜。要不了多久，楼梯间灰尘垃圾成堆，电灯坏了没人管。结果，倒霉的是你自己。那么，基于一个人本身利害的考虑，有可能会完全从心所欲、有我无他吗？

同样的道理，深夜高歌换来的要不是"夭寿哎！"就是被飞来石块砸破的玻璃，或者被放气的轮胎，还有管区警员的"关爱"。因此，在一个群居的环境（社会）里，即使只考虑到个人自己的利害，都不可能会去做一些先是害人最后是害己的事。所以，只要经过一段时间的摸索尝试，同一栋公寓的这个小环境里就会呈现出一种还不错的秩序：不会有人经常半夜高歌，不会有人拉开窗户把垃圾往外倒，不会有人让自己的猫狗老是在别人家门口大小便而不处理——个人主义推演到极致，并没有什么不好。

台下的同学默不作声，我也准备下课。不过，我突然想到，自己住的四楼公寓里邻居们都相处甚欢，过年过节大伙儿还会聚餐闹酒。朋友住在十几层的电梯大楼里，就从来没有这种事。由个人主义出发去思索，为什么相差会这么悬殊呢？

圣人满世界

前几天参加一个专题研究期末报告的发表会，探讨的主题是如何促进厂商合作进行"共同研究"和"协力开发"。报告写得很扎实，看得出来是下过真功夫的。年轻的计划主持人显然是一个有理想、有抱负的研究者……

因为大家出钱出力一起研究开发，就会有人想坐享其成：派出二流人才参加，隐藏实力等等。独乐乐而不众乐乐的结果往往是三个（二流）和尚彼此大眼瞪小眼。年轻学者列了一些建议，包括"厂商应放弃防御心态""厂商应有前瞻性眼光"等。身为评论人之一，我当然抓住小辫子、大放厥词。我说："呼吁厂商这么做，就像呼吁大家不要自私自利，不要自扫门前雪一样。这是牧师、传教士的呼吁，不该是经济学者的呼吁。经济学者是把厂商的自私自利当作既定的条件，然后在这个基础上寻求对现状的改善。改变人性是宗教家的事，不是你我的事。"

有这位年轻学者想法的人其实很多，都是希望人性能变得好些，社会问题就会消失无踪。政府希望民众不要自私自利，希望民众能体谅政府的苦心。民众希望政府官员和民意代表都能一心为公、不求禄位、不计个人得失。可是，为什么人不该自私自利呢？自私自利有什么不好？

到菜市场里去买水果的时候，我希望苹果愈大愈好、番石榴愈脆愈好、西瓜愈甜愈好、价钱愈低愈好。我想到的不是要让卖水果的小贩能多赚些钱。同样地，小贩希望赚得愈多愈好，他（她）喜欢我，但更喜欢我口袋里的钞票。我们都自私自利，但通过"交易"，我们各有所得，皆大欢喜。（要不然我何必买水果！）如果人在菜市场里是自利的，难道换个场合人性就会变吗？在谈问题时，为什么我们不平实些地把"人"当"人"看，承认正是因为人人都自私自利，所以也必然会自求多福的，然后再在这基础上寻求改善？

大学时有个同学好尚不俗，喜欢看名人政客的墓志铭。有一天他告诉我说："看了这些墓志铭觉得这些人每一个都是不世出的圣人。中国人里怎么有那么多的圣人！"说得也是，如果历史上的圣人少一点，不知道今天会是什么样子！如果将来圣人少了一些，多了一些你我这样的凡人，不知道又会怎么样……

自杀者也"自利"？

前几天到校外去做一场演讲，谈经济学里的一些观念。我先花了一段时间说明经济学的基本假设：经济学以"个人"作为分析的基本单位；而人的行为可以用"理性"和"自利"这两个特质来反映。

几个具体的例子说明这两个观念之后，我就询问在场的听众有没有问题。有一个年轻人站起来说，他在大学时候修过经济学，也知道"理性"和"自利"的这两个假设。可是，他一直很困惑，如果人真是理性和自利的话，为什么会有人去自杀呢？难道自杀是一种"自利"的行为吗？

这个问题问得真好，事实上以前我也问过自己同样的问题。稍稍停顿之后，我就开始讲自己的体会……

大概每一个人都有懊恼悔恨的经验：当时看来美不胜收的衣裳、当时想来面面俱到的安排、当时认为生死之交的朋友，事后却完全变成另外一回事，当然也就令人懊恼不已。可是，能以"事后"的感受作为判断的准则吗？好坏、美丑、利害等等，都应该是以"当初"做决定时的感受为准。就是因为"当时"觉得比较美、比较好、比较妙，才会舍彼取此。"事后"的感受已经是在另外一个时空点上，环境条件既然不同，取舍不一样也就不足为奇。因此，一个人事后懊恼悔恨并不表示他原先做决定时不是在自求多福！

这个问题更重要的部分是"由谁来判断"。既然钟鼎山林、人各有志，既然情人眼中出西施，所以，好坏、美丑、高下等等，都必须以当事人自己的主观感受为准。旁观的别人当然可以认为当事人做了不好的、不对的、事后要后悔的决定，当事人也许确实会事后后悔。但是，那无关紧要。重要的是，在做决定的那个时点上，只有当事人自己有资格判断什么是好的、什么又是不好的。既然当事人要承担自己所做决定的后果，他又何必在取舍之际和自己的利益背道而驰？因此，"旁观者清"只是意味着如果由旁观者来做决定的话，可能会有不一样的取舍，但这却并不表示当事人是有意识地在自找罪受、作茧自缚。

对一个想要自杀的人而言，不论是因为感情、事业、家庭或其他任何因素，在要自杀的那个时点上，"活下去"可能更难以忍受。因此，两害相权取其较轻者。这是当事人自己主观上所认定的高下，在本质上和其他任何决定并没有什么不同。所以，即使对一个（想）自杀的人而言，在做决定的那个时点上，他的行为还是一种"自利"的行为——只是他自己主观上的自利和旁观者的判断有很大的距离罢了！

这事实上也正反映了"主观价值"和"客观价值"之间的微妙关系。当事人固然主观上认定只有死路一条，可是旁观的人却往往看得比较清楚、比较不钻牛角尖。因此，当有人想要自杀时，其他的人也就值得花心力、时间去说服当事人换个角度看事情，或劝当事人先冷静下来，"如果一个月之后还是想自杀，那就不阻止你"，希望能让当事人从那个特定时点上挣脱开来，然后在时空条件改变之后能有不一样的取舍。但是，无论如何，所有好坏高下的判断还是以当事人自己主观的感受为准。别人永远是旁观者。因此，我的结论是，不能因为旁观者不赞成自杀，就认定自杀不是一种"自利"的行为。

讲完之后，发问的人没有再表示意见。因为我是旁观者，所以也不清楚他是不是接受我的观点。不过，人是"理性"和"自利"的，如果他很不同意我的看法，应该会有所回应才是。或者，他对继续争辩的收获不乐观，所以认为缄默会是比较符合"自利"的选择……

人性善恶之辩

我的国学常识非常浅陋，只约略地知道历史上曾经有"人性本善"或"人性本恶"的争论。详细的论点如何，现在的取舍如何，有没有受到近代生理科学的影响等，我都一无所知。但是，几天前发生的一幕，却让我联想到人性善恶的论争……

上周末我和大学部的导生们一起去看职业棒球赛，然后再会餐。选定周六下午一场"三商"对"统一"的比赛。虽然学生可以凭学生证换票免费入场，可是免费票有限。所以，为了怕到时候免费票送完，其他的票也卖完而进不了场，就先买了十二张外野票备用。结果，这场比赛看的人不多，学生都凭证换到了免费的参观券，我们手上就多出这十余张的外野票。比赛快开始时，学生建议把票送给别人。我的主意是要他们效法张五常卖金橘的做法，把这些票折价卖给其他的观众。几个学生有点忸怩害羞（显然是没有摆地摊的经验），我就拿过票来和他们站在一起叫卖。

先来了一个中年人，我说"多买的票，一张八十块"。他给了一张百元大钞，我口袋里只有十五块的硬币。他拿了就走，也没多说什么。走过去几群学生之后，又有一个中年人过来。学生依样喊价,他给了一百块,抽了一张票就进场,没要找钱。又折价卖了一两张之后,比赛马上就要开始。学生喊住两个经过的女学生,说要送她们两张票,她们推辞说要付钱买。"两张一百块",学生说。结果她们买了两张"五折票",我们也少损失一百块,皆大欢喜。进场开赛之后,我在随战况起伏而吆喝呼喊之余,忍不住回想刚才效颦卖票的体会……

虽然那些票对我们而言都等于是白纸,不值一文。可是,所有向我们买票的人都付了很高的价格,没有人占我们的便宜。即使我们讲明要免费赠送,别人还是不愿意白拿。这些买票的人和我们都是素昧平生,以后几乎不可能再有相交相处的机会,他们大可以杀个价,让我们仅留片甲(十块钱一张我们也会卖),可是他们没有这么做。省钱可以,但是不(愿意)占便宜。这些人似乎在心里都有一个天平,在衡量是非,斟酌曲直。

可是,真的是这样吗?这些人没有杀价是因为他们知道外野票是一百块一张,因此,对他们而言低于一百块就是他们赚、我们赔。所以,基于一种人心皆有的"公平""公义"意识,他们没有占我们的便宜、让我们吃亏。可是,如果我们卖的是水果或零食,当我们喊出"临收大贱卖"时,难保他们不会还价。而且,就算我们以后还是卖多买了的票,碰上几次之后,这些人心里的秤大概也会机动调整,不会再"路不拾遗"。也就是说,一般人偶尔遇上意外之财,可能会临财不苟、见利思义。可是,一旦次数多了,是不是会慢慢变成不拿白不拿——因为我不拿别人也会拿!

想得更远一点,在设计社会的制度、规章、法令时,是假设芸芸众生都是"民吾同胞、物吾与也"的有德之人比较好，还是先假设大家都是"先扫各自门前雪"的市井之民比较好？根据哪一种假设所规划出来的典章制度比较符合人性、比较能经得起考验、比较可长可久？如果要对这两种极端执两而用中的话，哪一种对人性的假设会比较好？

在1956年，英国的罗伯松爵士曾写下这么一段话：

人人皆有掠取自利的本能，也有抑己为群的本能。这两类本能的拉锯战原是人心不可避免的一种矛盾。教诲众生以使前类本能屈服于后类本能之下是传道者的职责。经济学家的职责则是尽可能地减轻传道者振聋启聩、提升人心的负担。经济学家就像一条狗，每当看见大众之事不必要地增加一个人公私考虑之间的矛盾时，他有责任放声高吠，发出警讯。每当看见事情推动的方向将让这种矛盾维持在一种可堪忍受的限度之内时，他也有责任轻摆其尾，表示嘉许。

也许，人出生时本性为善为恶并不重要，重要的是在成长的过程里他（她）被涵育教化成有多少的善和恶。

第四章　伦理道德与"交换"

伦常关系隐含着人与人在情感和物质上的交流互动。这种"交换"和市场里"买卖"相比，伦常的维系含有较浓厚的情感成分，而买卖多半是物质上的交换。如果把情感也看作是另一种"物质"，就可以看出伦常关系所隐含"交换"的意义所在。

对"五伦"的另一种解读

前一段时间有机会对一群教育工作者演讲,谈的问题是从"交换关系"的角度来观察社会里的各种现象。我提到传统的"五伦"也可以看成是交换关系。具有伦常关系的双方在物质与精神的层面上不断地进行交换。如果其中的一方只取不予,这些伦常关系事实上无法维系下去。

讲完后有一位小学校长站起来发问:如果把五伦解释成交换关系,人会不会愈来愈冷漠,人与人之间的交往会不会愈来愈疏离?

因为当时还有人提出其他的问题,时间也有限,所以我只匆匆说了几句。事后再回想起这段问答,我觉得那位校长提的问题真好,非常值得仔细思索。

提到"交换关系",一般人马上联想到在市场里的买卖。一手交钱一手交货表示的是"付出"和"取得"的"交换"。但是,更重要的其实是"交换关系"所隐含的双方对"交换规则"的尊重。双方都同意(或默认)交换的方式、内容,而且都接受交换的结果。通过交换,双方的福祉都增加。因此,抢劫、勒索、恐吓、胁迫，都不是"交换关系"，因为其中只有一方得利，而且另一方并不是心甘情愿的。

五伦关系要能维系，必须有伦常双方都认定、接受的基础，否则五伦关系也不可能形成和绵延。五伦所维系的双方当然也各有"付出"和"取得"。父慈子孝、兄友弟恭，都隐含着双方在情感和物质上的交流互动。这种"交换"和市场里"买卖"的差别在于时间的长短和交换的内容。五伦的关系较持久，买卖的关系较短暂。五伦的维系含有较浓厚的情感成分，买卖多半是物质上的交换。情感的交流比较抽象，比较难计算。但是，如果把情感也看作另一种"物质"，就更可以看出五伦关系所隐含"交换"的意义所在。

换个角度来看，如果五伦关系是绝对的而不是相对的，是道德的而和物质无关，那么，我们要怎么解释"有奶便是娘""久病床前无孝子"？

从"交换"这个观点来看五伦关系只是对五伦的一种解释而已，当然不是唯一的一种，也当然不一定是最好的一种。不过，比较根本的问题是：通过"交换"这个观点来检视，我们是否能对"五伦"有更深刻的认识？在思索社会变迁对五伦关系的影响和改善之道时，我们是否能够因而更平实地去面对问题，去发掘问题的根源？

把五伦解释成交换关系之后人会不会愈来愈冷漠？老实说，我不清楚。我比较好奇的是，把五伦关系作"比较美好"的解释之后，人就真会比较"不冷漠"了吗？

第六伦、白吃的午餐和其他

如果要列举过去几十年里，在台湾本土的社会科学研究里最重要的一个发现，应该是"第六伦"的提出。李国鼎先生提出这个观念时，受到许多卫道之士的抨击。即使现在，还是有很多人不了解或不能体会这个观念的重要性。但是，随着时空的递移，由第六伦所引发的反省、检讨和因应，相信将会是今后十数年社会科学的用力所在……

"第六伦"是指在原有的"君臣父子夫妇兄弟朋友"这五伦之外，应该培养足以规范"群己关系"的各种行为准则。传统社会里人际关系单纯，可以依赖五伦来规范行为。可是，现代社会里人与人之间的交往绝大部分都不属于五伦所界定的关系。因此，为了能消极地避免"一盘散沙""缺乏公德心""损人利己"的行为，并且积极地使众人能更和谐地共存共荣，有必要发展出一套平实可行的"第六伦"。

如果"第六伦"能充分有效地发挥功能，我们这个社会就可以由过去借着家族式的伦常关系维系的社会，进展到以"公民"为基本单位的社会。在这个新的"公民社会"里，人与人之间彼此是基于"平等"的地位相处，而不是基于五伦所隐含的"尊卑""从属"关系。

但是，"第六伦"的观念马上引发两个很深刻的问题：第一，回头看，为什么过去的传统文化里缺少"群己关系"的成分，是哪些因素造成这种缺憾？第二，往前看，通过哪些方式，可以培养出"第六伦"的素养？前面的问题比较复杂，要由历史学者、文化学者来回答。后面的问题稍微简单一些，我们从自身的生活经验里，也许就可以体会归纳出一些答案！

仔细想想，五伦表面上虽然是道德规范，但本质上却是一种"交换"的关系。伦常关系的双方借着各种微妙的方式在情感上和物质上不断地进行"交换"。因此，父慈而子孝，兄友而弟恭。如果双方之中的一方只取不予，伦常关系就不可能维持下去。所以，君（如果）不君，臣（也就）不臣；父（如果）不父，子（也就）不子。

在现代社会里，"群我关系"也是一种"交换"。借着有形或无形的"契约"，"我"和"其他人"达成一种协议。我对其他不知名的第三者付出某种程度的尊重和容忍。相对地，我也期望从其他人身上得到类似的尊重和容忍。如果我的付出得不到响应，我当然也就礼尚往来地"自私自利"。因此，"社会契约"必须靠大家的支持才能维系下去。

"天下没有白吃的午餐"这个观念，就是这种契约性关系最具体、最直接的反映。"吃午餐"和"付钱"隐含的就是"权利"和"义务"的交换。而且，这种"获得"和"付出"之间的关联在公众事务上尤其重要。为了希望政府提供更好的教育、治安、交通建设，我必须（或只好）以付出税捐作为交换。如果你、我、大家，都只取不予，这个契约事实上无法维持不坠。

进一步想，"天下没有白吃的午餐"还有更深一层的意义。在现代的民主社会里，"公民"不只是缴税以支付各项公共支出而已，更重要的是，"公民"还必须和"其他人"通过政治过程以决定大家要有哪些公共支出、要有多少。因此，借着具体的租税措施或制度性的安排，可以使公民深切地体会到公民自身所该具有的责任感。以这种方式培养公民的公民意识，才是孕育"群我伦理"的康庄大道！

一言以蔽之，借着反映"天下没有白吃的午餐"观念的各种具体做法，可以陶冶出群我关系这个"第六伦"。但是，有了五伦和第六伦之后，人们所追求的目标又是什么呢？这恐怕才是真正值得思索的问题……

"骗人"的新邻居

我们住在一幢四层楼、每层两户对门的公寓里。我们是三楼。前一段时间对面的房客搬走，房东找了中介公司贴出"吉屋出售"的红纸条。因为房子地点适中，所以没几天就成交。据说成交价是七百万新台币出头。

没多久，买房子的人露面，自称以室内装潢为业，说等自己找工人整修之后会搬进来住。然后就开始有工人进出，敲敲打打，搞了一个多月不得安宁。快完工时新主人找我们和楼上楼下邻居商量：楼下木门太老旧，楼梯间墙壁粉漆剥落，好不好大家凑钱分担，换个新的不锈钢大门，再把楼梯间粉刷一次。既然以后大家是邻居，大伙儿也就掏钱捧场。室内装潢完成之后，果然换了新大门、墙壁漆得光亮。每家摊了五千多块钱。

就在大家期盼着新主人乔迁时，没想到又有中介公司人员出现，又贴出红纸条"吉屋出售"——原来新主人当初买的时候就打算整修之后再脱手。可是，如果是这样，为什么要瞒着我们，还要我们出钱分摊、让他好卖一些？大伙儿都有点被愚弄、被骗的感觉。但是骗人的人一切委托中介，从此再也没出现过。大家心里老大不高兴，却也无从当面向他兴师问罪。

然而，为什么我们其他人要觉得愤愤不平呢？公寓的门面和里外不确实是耳目一新吗？那个人做错了什么事吗？

在农业社会里，大家的活动范围有限。往还的对象不是妯娌亲戚就是街坊邻居。既然和这些人要经常碰面，而且要数十年如一日地共度生老病死，所以，彼此的融洽和谐当然非常重要，交往的过程里自然发展出一些伦常道德。而且，虽然这些人际交往所意味的患难与共、彼此扶持多少也隐含着"保险"和"交换（易）"的功能，然而，在一般人的观念里，感情和物质上的流动是基于伦常、是非这些道德，而不是基于互惠互利的考虑。在这种环境里，一件事和一种行为的意义，也很自然地受到道德规范的臧否。

在现代工商业社会里，一个人的活动范围扩大。不但交往的对象多半是和自己没有血缘、亲属、故旧关系的陌生人，而且交往的关系也变得比较片断、比较短暂。这些转变当然对人与人之间关系的性质有深远的影响。

因为交往范围扩大，所以"选择"的可能性增加。这家超市的东西不好，可以到另外一家去，而不是仅有街角唯一的杂货店。所以，也就没有必要建立和维持特别的交情。而且，台中麦当劳和台北的麦当劳口味（几乎）完全一样。交情的深浅和服务的好坏完全没有任何关系。因为交往的关系变得片断而短暂，所以，也就不需要经营特别的人际关系——今天在医院里帮你看病的医生很可能半年之后已经离开，而换一位医生看病好像也没有太大的差别。因此，彼此的关系变得比较单纯、比较直接。人与人之间的交往慢慢变成很多片断琐碎而纯粹的"交换"或"交易"，伦常道德的重要性大不同于从前。

关系单纯的最大好处，也许就在于可以针对个别的交换（交易）论对是非，而不需要顾虑到以前的交情或以后的交往。这次交换（交易）的本身就是重点、就应该很完整，而不论以前的交换是多么好或以后的交换会多么好。而且，这次如此，下次如此，次次如此。关系单纯的结果事实上可能使交往更顺畅便捷，而不需要承担长期交往所可能隐含的委曲和折腾。

这么看来，如果我们这些楼上楼下的邻居想清楚付钱就是换大门和粉刷墙壁，而且只是换门和粉刷，或许心里就可以释然一些。不过，据说房子整修后转手的价格是九百万出头，楼上楼下邻居的房子当然也水涨船高。所以，到底是该埋怨那个人，还是该感谢他，还是换大门粉刷墙壁就是换大门粉刷墙壁？

鲁滨孙是诚实的吗？

如果鲁滨孙从小是一个人在孤岛上长大的，那么，他会不会是一个"诚实"的鲁滨孙呢？稍微想想，也许会发现：这几乎是个没有内涵的问题。

当一个人与星辰、花草、虫鱼、风雨为伍过日子时，整个世界只有自己一个人。砍倒的樱桃树就是自己砍的，环境里没有需要撒谎隐瞒的对象。因此，在这个世界里，并没有所谓诚实或不诚实的问题。

星期五出现之后，在两个人交往的过程里，才可能出现"诚实"与否的问题。可能是星期五肚子饿得发慌，而自己摘的香蕉吃完了，就先借鲁滨孙的果腹。鲁滨孙发现自己的香蕉短少时，当然会质问星期五。也许是心虚，星期五否认。但是，由星期五口齿之间留下的香蕉味，鲁滨孙逮住了星期五。从此以后，两人之间才琢磨出"诚实"和"不诚实"的意义——星期五也学到了以后偷吃香蕉之后要漱口！

事实上，不仅是"诚实"对鲁滨孙的世界没有意义，其他的德性——公平、正义等等——也都是在人与人之间相处时才有意义。在一个人的世界里，并没有公平正义的问题。相形之下，在人与人之间，借着"人同此心，心同此理"的呼应，可以慢慢地摸索出和平共存之道（你不让你的狗在我的门前抬腿撒尿，我就不会在三更半夜开音响）。而且，还可以找出彼此冲突摩擦中的交集（大家公平地抽签决定，在哪里设垃圾场；三年选一次市长，公开竞争，一人一票）。因此，人与人之间交往时，公平正义这些价值就具有协调和撮合的功能。

既然这些德性（价值）是人与人之间交往的触媒和润滑剂，它们的性质、意义、内涵当然也就由人来界定。这一方面表示，这些价值的形成是涓滴积累之后所凝结而成——借着单独、个别的交往而慢慢联结扩散，也借着社会化的过程代代相传；另一方面，这也表示这些价值是会随着时空条件的变化而调整。农业社会里兄弟之间要合作生产、同舟共济、福祸与共，因此道德上当然要强调手足之情的重要。在现代工商业社会里，兄弟之间往往不需要在工作上彼此依赖扶持，因此道德上所重视的，很可能只是情感上对共同生活经验的分享和珍惜。

价值是由时空条件所衬托的这个观点还隐含着另外一种重要的含义：所有的价值都是相对的、有条件的，而不是绝对的、普遍的。价值，只有在特定的时间、在特定的地点、对特定的人而言才有意义。因此，在价值的取舍上，就不值得去探索追寻"永恒的真理"，因为没有永恒的真理。更不应该把自己所信奉的价值强加在别人的身上，因为没有绝对的真理。

当然，对一般人而言，可能不太容易接受价值是类似"工具"的这种观念。不过，每一个人都可以自问，为什么在工商业社会里非常强调守时的重要，而在农业社会里则是大家安步当车。为什么在大家庭里要强调忍让谦和、抑己为群，在小家庭里则是重视独立、自主。如果公平正义、勤劳节俭这些价值会使人动辄得咎，甚至日趋毁灭，那么，为什么人要（会）自取其咎？

仔细想想，鲁滨孙是诚实的吗？

要买多少的保险

早上一路吹着口哨踏进研究室，觉得这个世界真美好。心情极为轻松愉快。因为昨天晚上一家之主宣布把我每个月的零用钱增加百分之五十，以嘉勉我最近换尿布、喂奶的优异表现。我一边打开电话录音机，心里一边盘算要怎么样好好用这笔钱。录音机里传来的声音也充满了喜悦："布鞋（闽南语的辅导长听来和布鞋差不多），我是×××，我四月二十要结婚。打电话给布鞋看你能不能来参加我的婚礼……"

我的老天！这是我多年前在花莲当预官时队上的小兵。要不是我记性好，恐怕早已忘了他是谁。这些年来音讯全无，结婚时才想起他的辅导长！这下好了，起码要送一千块，调薪的钱刚好全部报销。我从兴奋的高峰一下子落到悲伤的谷底。人生的起伏难道真的这么明显，这么残酷？

你说，像结婚添丁这些喜事，对很多人来讲是不是把自己的快乐建筑在别人的痛苦上？

农业社会里大家靠天吃饭，没有劳保、农保，也没有社会救济制度。大家驱凶避祸靠的是亲友邻里之间的互通有无。婚丧喜庆时送礼，好让当事者有比较宽裕的钱因应。这事实上是一种储蓄。因为等到自己家里有婚丧喜庆时，别人也会礼尚往来。储蓄的功能也就是在"保险"，让每一个人在特殊情况发生的时候比较能应付裕如。

现代工商社会里靠天吃饭的人少，大家又有劳保公保农保，还有社会福利。这些之外，还有市场里提供的各种寿险、意外险等。我们还需不需要像以前一样在亲友故旧之间"买保险"呢？亲友故旧之间在互相与援的结果造成了多少纠缠不清的债务，引发了多少妻离子散的恩怨。相反地，公部门和市场里提供的保险因为参加的人多，反而能比较有效地保障个人。可是，话说回来，政府和保险公司在财务上提供的保险也许比较好，可是永远没有办法完全取代亲友之间在感情上的彼此扶持。所以，问题不在于你要不要在亲友之间"买"保险，问题是你要在亲友之间"买"多少的保险！

想到这里，我不再埋怨电话录音机，我决定等一下到文具店买张贺卡寄给我的小兵，上面写道："×××如晤：知道你（终于）要结婚了，我很高兴。衷心祝福你们幸福快乐！有空请你和你牵手（闽南语中的"牵手"意为"妻子"）一起来家里坐！对了，我刚刚添丁……"

第五章 "成本"的观念

贯穿经济学最重要的观念，其实就是平凡简单的两个字："成本"——为做一件事所付出的到底是多少。"成本"的观念不只是反映在个人的选择上，一个社会对于典章制度的取舍也同样是在众多的可能性之间斟酌损益、去彼取此。

做比较

大概在两年多前，有一个周刊的新闻编辑打电话给我，请我写篇一千字左右的时事短评。我准时交稿。邀约几次之后，我突然灵机一动：既然同样是花时间写文章，为什么不写些比较没有时效性的文章。可以从经济学的角度来看世界，而且可以做些沟通观念的事。希望几年之后，这些文章看起来还有意义。

主意既定，我就陆陆续续地写，也慢慢地在报纸的副刊发表。累积一段时间之后，也俨然可以成集出书。我把草稿寄给一个编文学杂志的朋友，请他提供意见。他看了之后告诉我，说不论我讲的是什么故事、探讨的是什么主题，我都是一直在"做比较"！

也许文人的感觉真是比常人灵敏。他这么凌空一句，真是一针见血、一语道尽了我那些文章的共同本质。我有点恍然大悟的感受。事实上，后来再仔细琢磨一阵，我发现经济学的世界观——一言以蔽之——就是在"做比较"……

经济学里最基本、最重要，和其他社会科学差别最明显的一个概念，就是"成本"这个观念：任何政策、任何行为、任何选择的背后，都有对成本的考量。延长义务教育为十二年要新增校舍、新聘师资，这是成本。去参加朋友的婚礼要送礼、花时间，这也是成本。放弃升学选择就业，可以有收入，但学习中断，这当然是成本。成本如果可以用金钱来衡量，就有了"价格"。一种资源的价格，就是这种资源用在价值最高的使用途径上时所呈现出的水平。可是，当市场里有很多机会和有很多交易时，价值最高的使用途径通常不只有一种。譬如，如果用面粉做面包比做馒头赚钱的话，大家都会用面粉来做面包。结果，面包一多之后，价格会下降。最后用面粉做面包和做馒头赚的钱会一样多！而且，既然用面粉做了面包就不能做馒头，也就是丧失了能做馒头的"机会"。所以，用面粉来做面包的"机会成本"就是用面粉去做馒头，而这刚好就是面粉用在这些其他的使用途径上（做馒头）的价格。

当然，并不是所有的成本都可以借着金钱来衡量。说谎话的成本可能是做噩梦，占朋友小便宜的成本可能是朋友愈来愈少。当遇到金钱不能衡量的成本时，人就会借着其他——如道德、正义、公平、是非、美丑、良否等指标来衡量高下，以这些其他的指标来烘托出一件事、一个行为或一项政策的价值。

可是，不论是以市场里的"价格"或观念上的"价值"作为判断取舍的参考数据，人在斟酌思索时都是在"做比较"：橘子和柳橙一样可口，如果柳橙便宜就买柳橙。家庭和工作都重要，要留在办公室里加班还是要回家陪孩子做功课？而且，最困难的是价格有时而穷，而价值又经常是众说纷纭、莫衷一是：要保持海岸线的自然景观，还是要建海港、辟公路？故宫里的无价之宝要雇多少安保人员来保护？不过，即使在价格和价值，以及在价值和价值之间的取舍很困难，任何取舍在本质上还是"做比较"之后的选择。

"做比较"还隐含着一种深刻的意义：既然是"比较"，所有人、事、物的价值（价格）都是"相对的"，而不是"绝对的"。经过其他因素的对比，才衬托出这个人、事、物的（相对）价值。因此，在思索任何人、事、物时，就值得去找一些相关的、有意义的材料作为参考坐标。借着这些参考坐标的对照来琢磨这个人、事、物的含义，而不是直接地诉诸直觉、习惯或想当然耳的判断。

其实，写文章不也是一样吗？文章的作者是把一些相关的材料结合在一起，希望成为有意义的叙述。那么，对读者而言，读文章的目的是不是就是在雕塑和强化自己的"参考坐标"呢？

教子良方

几年前的一个暑假里我去为一群中小学老师做一场专题演讲，谈经济学的基本观念。在最后问答部分时，我半开玩笑地说：因为我对"经济学的世界观"很有信心，所以等我的小孩小学毕业后，我会教他读经济学。台下一片哗然，好像很不以为然的样子。

孩子现在三岁多，正是开始黏人和调皮捣蛋的年纪，也经常闯祸。他曾经把录像带倒塞进录像机，我们只好请人来修理。他还曾经把硬币塞进计算机的硬盘，让计算机动弹不得。前一段时间我发现抽屉里的"小护士"软膏被旋开盖子、塞进一堆卫生纸,我把这个成果拿给内人处理。

她把儿子拉到身前,心平气和地开始讲话:"你现在已经三岁多,已经可以讲道理了。做任何事之前先用头脑想一想为什么要做这个事。如果你把卫生纸塞到软膏里,软膏坏了不能用,我们就只好花钱去买新的软膏。如果软膏好好的,我们就不需要买新的,就可以用那笔钱去帮你买糖果。知不知道?"

小孩略为腼腆地微微点头。听着专攻文学戏剧的内人讲了这一番道理,我在旁边差点没有高声喝彩:"讲得好!讲得好!"

经济学的教科书里面虽然有一大堆令人望之生畏的图形、曲线,经济学的学术期刊里更是连篇累页的数学符号和方程式。然而,追根究底,贯穿经济学最重要的观念,其实就是平凡简单的两个字:"成本"——为做一件事所付出的到底是多少。

同样的时间,可以和家人一起看电视,可以自己看书,也可以和朋友"摆龙门阵"。选了其中一样就不能再做其余。同样的金钱,可以买衣服,可以请客吃饭,可以存在银行备用,也可以买礼物送人。做了其中之一就不能兼顾其余,也就是丧失了做其他事的机会。因此,在考虑怎么样运用时间、金钱、情感、精神、气力的时候,就值得稍稍琢磨:这种安排比较好,还是换其他的选择比较好。

而且,"成本"的观念不只是反映在个人的选择上,一个社会对于典章制度的取舍也同样是在众多的可能性之间斟酌损益、去彼取此。譬如,中央政府集权当然有政出令行、一以贯之的优点。但是,由中央政府统一号令也可能导致一厢情愿、不能因地制宜。相反地，地方分权隐含的是各地方政府彼此各司其职，公平竞争。如果这个地方政府表现不好，居民自然会以脚投票地择他枝而栖。所以，各个地方政府不得不全力以赴，各擅胜场。当然，地方分权的结果也可能是各行其是、漫无章法。既然两种制度都各有利弊，最后的取舍显然就是在权衡利弊得失的轻重大小之后，选择其中之一得到这种制度的好处，承担这种制度的缺失；放弃了另外那种制度的优点，也避免了另外那种制度的弊端。不论是个人问题或社会问题，永远是成本比较的问题！

前两天早上小孩缠着内人不让她去上课，要她在家里陪他玩。内人告诉他：如果她留在家里，她的学生看不到老师会生气，她也不能赚钱买巧克力糖给他吃；如果她去上课，学生会很高兴，她也可以赚钱买巧克力糖给他吃。儿子听了之后想了一下，然后简洁有力地告诉他妈妈："赶快去！"

也许，我不需要等他小学毕业再教他经济学……

何为"成本—效益分析"

前几天应邀到一个教育推广中心，对将近一百位小学、初中和高中的老师演讲，题目是"经济学的视野"。在三个小时的时间里，我谈了几个现实的经济问题，也试着说明一些很基本，但常遭人误解的经济观念。

我用一个例子来阐明"成本—效益"的观念……

假如现在教育单位拨了一笔一千万元的预算到在座各位老师

的学校里，由学校自行支配运用。那么，你认为把钱用在哪种用途上比较好？

也许你会觉得，学校里的厕所都已经很老旧，除气味难闻之外，安全也是问题。所以，这笔钱刚好用来改建学校的厕所。也许，你的学校里厕所都刚翻修不久，不需要再锦上添花。倒是学校里的图书设备已经很久没有补充、淘汰，刚好可以借这个机会买些新书，也把图书室整顿一番。或者厕所和图书设备都还好，可以筹建一个计算机教室。但是，不管你的取舍如何，总是经过一番权衡：都是花一千万，所以是一样的成本，就看怎么用效果（益）比较好。这就是地地道道的"成本—效益"的分析！

我讲完之后，有一位老师举手，问我开不开车。我摇摇头。他接着说，以前他朋友曾经帮他分析过买车的利弊得失：如果考虑买车的费用、各项税捐、汽油、维护等的支出，把所有的花费算在一起，倒不如天天坐出租车更便宜。他当时不能体会朋友的意思，现在听我一讲，对成本的观念有了比较清楚的认识……

我趁机又宣扬了一番成本—效益分析的好处。但是，事后再想想，我却觉得当时处理得并不好。

其实我应该澄清，我有没有开车跟成本—效益分析并没有直接的关系，多的是买车、开车的经济学者。所以，并不是因为买车不划算，经济学者就（普遍地）不买车。重要的是每一个人在衡量成本效益时，会有他自己的取舍。对有些人来说，有自己的车子所带来的方便和自在，可能就远比省钱坐出租车来得划算。因此，不同的人在面临同样的选择时，很可能就会有不同的斟酌和取舍。

成本—效益分析的另一点启示是，一个人在衡量思索时，可以尽可能把所有相关的因素都囊括在内，包括道德上、良知上、是非上、善恶上的"成本"和"效益"。把这些因素都放在一起，然后做一番比较，最后再做决定。这样子的思考方式比较周全，比较不会有当时挂一漏万、暴虎冯河，事后悔恨懊恼的尴尬，尤其是对于人生里那些比较重要的抉择。

成本—效益分析也可以说是一种"语言"。借着这种比较明确晓白的方式，一个人自处或和别人交往时，都可以比较理智地、比较不受情绪因素左右地、心平气和地来考虑或沟通。而且，既然成本—效益分析隐含的是一种"比较"，在衡量各种因素的高下多寡之后再做取舍，所以，一切的善恶、是非、良否，可以说都是"相对的"，没有绝对的、神圣不可侵犯的"天条"。最后的选择总是经由说（推）理或协商，而不是诉诸和取决于某种权威。因此，成本—效益分析事实上反映的是对人类理性的一种信任和期许。

如果多有几次演讲的机会，我相信自己能把一些经济观念阐释得更生动有趣。但是，那可也隐含着时间心力的付出，我能承担多少。不过，如果能把经济学的一些观念推己及人、造福人类社会，又是多么可观的效益……

如果由我来支配一亿元的预算

爱丽丝·瑞芙琳（Alice Rivlin）教授曾经担任过美国经济学

会的会长，是研究财政问题方面相当出色的学者。她不止一次地提醒经济学者，要"多强调经济学者之间的共同点，而不要老是扩大彼此的歧异，免得在提出各种政策建议时各说各话，让政府无所适从，结果是欲益反损"。

瑞芙琳教授的这段话很有启示性！其实，经济学者不只应该少浪费些时间气力彼此攻讦、自乱阵脚，而且应该多花些心思去找出和一般民众的共同之处。然后，以老妪能解的观念作为起点，再设法提升社会大众在思辨取舍上的判断力，进而增进经济活动的效率和民众的福祉。

以"成本—效益分析"为例，经济学者认为"成本"和"效益"很重要，但一般民众直觉的反应是，很多事情是"不能"或"不应该"讲成本效益的。譬如说，维持人的基本尊严有多少的"效益"？教育是千百年大计，为了培养下一代的子弟，"应该"计较成本吗？盖一个七号公园能提供民众休闲的去处，除了美化市容之外还可以改善空气的质量，这些有形无形的好处难道能用金钱来衡量吗？

这些都是很平实、认真的质疑。经济学家必须要同样平实、认真地去试着沟通彼此的观念，在说服自己之外，更要能说服别人！

每个人都可以问自己这么一个问题：如果由我来支配一亿元的预算，我会怎么用？也许有人会花在改善交通设施上，有人会用来调整公教人员薪水，有人觉得该多聘一些中学的辅导老师……大家意见纷纭刚好反映出每人偏好不同，这不足为奇。重要的是下一个问题：为什么你觉得钱这么花比较好呢？

这时候各人大概都能提出一番道理，说明自己舍东隅而取桑榆的原因（"我认为改善交通比其他的事更迫切"等等）。可是，如果你能说出一番取舍的道理，这不就隐含着你认为在"成本"都是一亿元的情形下，做某些事的"效益"比较高吗？这不就是"成本—效益"的分析吗？

如果现在要花的钱不是"一亿"而是"千亿"或"数兆"新台币，你是不是也会觉得在取舍上要更慎重一些，更精细一些？除了"直觉上"的衡量轻重之外，把不同的议案做"比较具体"的评估，然后再做取舍，是不是比较能避免犯错？

"成本—效益分析"事实上就是经济学者根据专业的素养，用较精确的方式所做的评估。这不是在花（大笔）钱之前值得做、应该做的事吗？当然，为了能对不同的支出项目做比较起见，成本—效益分析往往用"金钱"作为衡量的尺度。因此，有些"无形的""间接的""可能产生的"成本和效益在估量上并不容易，甚至在经济学者之间也有相当的争议。可是，这只表示要设法使成本—效益分析更周全、深入，而不是要舍弃不做。试问，如果不做成本—效益分析，预算的配置纯粹以主事者个人直觉式的好恶为取舍，难道比较好吗？

事实上，成本效益的观念不只对政府规划预算很重要，对每个人的日常生活而言也是息息相关。你为什么要选这个职业？为什么要买这种厂牌的汽车？为什么要住在这里？为什么要选这些款式的衣服？这些看似稀松平常的选择背后都隐含"成本"和"效益"的考虑。当然，估量成本效益的质量显然有精致和粗糙的高下之分……

一般人总觉得"经济学"深奥难懂、遥不可及，这是误解，而且经济学者对这种误解也应负一部分责任。1991年诺贝尔经济学奖得主科斯自言，他的某些最重要的"理论"都是由日常生活经验归纳而得。因此，他认为经济学者的责任之一，就是设法要把各种精致的经济"理论"再还原成老少咸宜的"常识"！

往者已矣，来者可追

如果你临上火车之前在书店里买了一本书，上了车之后没看两页就发现这是本少见的"垃圾"，你怎么办？如果你听别人的怂恿买票进电影院，开演十分钟之内你就知道这是部可遇不可求的超级大烂片，你怎么办？

一般人碰上这种事，可能会想：反正钱已经花了，干脆自认倒霉、勉为其难、耐着性子地把书和电影看完。

不过，人溺己溺而且好为人师的经济学者提出箴言：往者已矣，不应该错上加错地浪费时间在那本书和那部电影上。明智的做法是忘掉已经付出的钞票，把接下来的时间用在其他更有意义的事情上。

对于经济学者而言，既然你已经花了钱，而又发现那本书和那部电影毫无价值。这时候，买书和电影票的钱是不可挽回的"已付成本"。那么，在考虑怎么运用接下来的时间时，就不该再为不可改变的事实所羁绊，而应该"不咎既往"地向前看。如果因为觉得浪费可惜，而勉强再花时间把书或电影看完，等于是把小错误变成大错误。不但不值得，而且是不智。

经济学者由"已付成本"的角度思索资源运用的效率问题，当然很有启发性。不过，为什么一般人往往会明知故犯，在理智上或许能接受，但在情感上却懊恼自责、愈陷愈深？而且，人的各种情怀都有其功能。如果自怨自艾、错上加错是"不正确"的，为什么经济学者所推崇"理性、自利"的万物之灵会冥顽不灵地一犯再犯呢？

一个人在成长的过程里，会慢慢地经由认知学习摸索而累积琢磨出一些经验。这些经验包括对外界事物的因应，也包含自己内在情感上的起伏。譬如，看到有人在操场上打棒球，自己就绕得远些以免被不长眼睛的球打到。这是一种对因果关系的解释和因应。雨后上街不小心一脚踩进水洼，溅脏了正要赴宴的新衣；或是洗碗时手一滑，打破了一个碟子。这些都多少会造成情感的起伏。人的喜怒哀乐，可以说就是由这许多片断琐碎的事件里慢慢凝结而成的一种"机制"。人以情感上的这种机制作为自处和处世的"工具"。虽然在个别事件上固然不只有喜乐，而是有哀怒、恼恨、悔恶的情怀，但是，整体来看、长远来看，所有情怀的最终目的还是在使一个人能比较有效地面对和处理环境中的事物。

经济学者强调"已付成本"是"往者已矣，来者可追"，事实上就是希望人能更有效地因应环境。既然"已付成本"是已经付出而无可挽回的资源，人就可以（而且"应该"）在理智上说服自己，不要以类似"溅脏衣服、打破碟子"时懊恼自责的情绪来因应，而是以一种"思虑"过后的态度来斟酌拿捏。情感，可以不（只）是天生自然的，而可以是有意识思索过滤之后的结晶。

当然，这种观点还可以做进一步的发挥。虽然手中的书和电影票是已经付出的代价，而"书"和"电影"本身都是毫无价值。所以，不应再为书钱和电影票价而懊恼。可是，这些经验都隐含着一种"过程"，而不只是"钱"和"没有价值的东西"这两样而已。就是因为在火车上和电影院里发现自己犯了一个错误。所以值得静下心来思索当初是怎么做抉择的，为什么会犯下这个错误。从这个"不好"的经验里，可以有意识地萃取出一些正面的意义，减少未来再犯类似错误的可能性。甚至还可以花些心思看看这本书和这个电影为什么很糟很烂，怎样调整可以变得比较不糟不烂。

吃到一口酸葡萄时，除了龇牙咧嘴之外，还可以动脑筋稍稍想想：人，是感情的动物；但是，情感的内涵可以（应该）是思虑之后的结晶，不是吗？

后天下之乐而乐

上学期末要同学填一张表，谈谈学习心得并且提些建议。有一位同学写了这么一段：一学期来，习惯了凡事以经济学眼光分析，只恐怕在人生历程中会渐渐失去人味！

前些时候和几位朋友聊天，言不及义之余竟然谈到"成本"的观念。我说：事情的是非曲直从成本的观点来看，要比由道德上论断高下容易得多。朋友之一颇不以为然，她说，也许她经济学没读好，但她觉得要在道德上判断一件事情事实上要比用金钱来衡量容易！

经济学者似乎确是道德情怀阙如、人味不佳的异类。但是，经济学者真是麻木不仁吗？还是他们的观点是情感和理智折冲之后（不得不）的取舍？

以"法律面前人人平等"这个观念为例。依"道德"的尺度来考虑，这当然是现代民主社会所服膺、所追求的标杆。可是，对经济学者而言，这句话的内涵到底是什么呢？

打民事官司时，钱多的一方可以请较好和较多的律师。赢的机会显然要比两袖清风的人大得多。因此，法律面前并不是人人平等。当然，这是现实状态的刻画，还不是问题的焦点。对一般人而言最重要的是，司法体系本身能让大家在法律面前有多少的"平等"？如果我是客家人，不通国语闽南语，我打官司时法院有没有传译人才帮我传译？传译人才是不是好到能让我的意思充分表达，也能让我清楚地知道其他人的意思？也许出庭兴讼的客家人不多，所以法院无须常设客家话的传译人才。但是，在需要时是不是能适时雇用适任的人呢？

在这层意义上，法院愿意让"法律面前人人平等"到什么程度，显然要看法院有多少经费可以提供传译的服务。这又要看法院能够获得多少预算金额。追根究底，这又要看社会大众，也就是你我，愿意缴多少税来实现"法律面前人人平等"。这也就表示，为了维护这个道德上大家都接受的标杆，我们不得不从"成本"的角度来思索实际的问题。事实上，每一个人都可以自问：我愿意缴多少的税来实现"法律面前人人平等"这个原则？同样地,我又愿意缴多少税来实现"国民有受义务教育的权利"这个目标?因此,也许你我根据道德上的考虑不太能判断自己愿意付出多少,但从成本上的考虑,却较能琢磨出一个端倪……

千万人之心,一人之心也。经济学者当然也(没有忘记自己)是人,当然也有人味。可是,当大多数的人都在仁义道德里摸索打转时,经济学者只好做些摇旗呐喊、螳臂当车的事。只有当大家都能有点"成本"的观念,而且能比较平实地面对问题的时候,或许经济学者才有"后天下之乐而乐"的奢侈吧!

第六章　价格和价值的曲折

"价格"通过交易而产生,而交易大部分是在"市场"里进行,价格当然也就受到市场起伏的影响。"价值"则是以比较抽象的"好坏""美丑""善恶""优劣"来划分,是每个人主观上的认定,很难数量化,而只有程度上的相对差别。人对价值的看法会影响到东西的价格。反过来,价格也会影响到价值。

钻石和水的问题

在基础经济学里很有名的一个问题是：人可以不要钻石，可是不能没有水。但是，为什么钻石那么贵而水那么便宜？最直接也最浅显的解释是：钻石比较少，而水比较多；物以稀为贵，因此，钻石贵而水便宜。可是，这个问题事实上牵涉到经济学里很基本但也很复杂的"价格"和"价值"之分。

分开来看，"价格"往往是以货币为单位来表示。在以物易物的时代，可能是以牛羊鸡鸭计值。"价值"则是以比较抽象的"好坏""美丑""善恶""优劣"来划分。"价格"是通过交易而显现；既然交易包含买卖双方，交易达成一定要有双方的首肯，因此，"价格"必须能很明确地（以数字）表示出来。相反地，"价值"则是每个人主观上的认定。因此，"价值"很难数量化，而只有程度上的相对差别。一个人对人、事、物所赋予的"价值"，别人并不容易做精确的掌握。

"价格"既然是通过交易而产生，而交易大部分是在"市场"里进行，价格当然也就受到市场起伏的影响。虽然二轮电影院放映的电影完全和首轮的一样，但是首轮的电影票价就比二轮的贵。虽然房子今年比去年又老旧一年，但是价格可能更高。同样的菜蔬，台风过后的价格可能一夜之间暴涨数倍。相形之下，"价值"的形成和变化就不太一样。价值主要是通过社会化的过程，慢慢地成为一个人人格的一部分。价值是一个人内在的、主观上的取舍。即使外观行为上有转变，也并不一定反映内在价值的改变。个人的价值观和社会的价值观都会变，但变化得比较缓慢。

合在一起看，价值和价格的关系很密切，人对价值的看法会影响到东西的价格。当大家开始重视休闲生活时，各种相关产品应运而生，各领风骚。反过来，价格也会影响到价值。如果理工法商科系的毕业生待遇比文史科来得好，久而久之当然也会使（一部分）人轻视或忽视人文素养的重要性。

价格的起伏变化比较明确，因此也比较容易掌握。对于不合理的价格结构，经济学家往往能提出明确的兴革建议。相较之下，价值的变动虽然有迹可寻，但是对于"世风浇薄、人心不古、伦理不彰、传统价值解体"，经济学家却很少置喙。这一方面是有意识地避免扮演"神"的角色来做价值判断，另一方面也是因为要明确地界定是哪些因素，又是通过哪些途径而凝聚形成价值，并不是那么容易。当然，这并不是表示经济学家不重视社会里的价值体系，这只是反映出经济学者认为这些问题由社会学家、历史学家、哲学家来处理可能会更好。

其实，反躬自省，每一个人都可以自问：比较合理的"价格结构"是如何？比较好的"价值体系"又是如何？还有，自己真正追求的是"价格"呢，还是"价值"？

价值的由来

晚上朋友请吃饭，一桌十余人尽是在不惑之年上下，所以敬酒、劝酒、逼酒、闹酒，不一而足。用XO来打通关想来有点可惜。但是，在那种气氛之下，似乎也不觉得有什么不好。酒席将尽时，已经喝了三瓶高价位的XO。有人起哄要开第四瓶。

饭后有一些人要去"第二回合"，有一些人直接回家。我自己一个人在街头散步一段。在大致清醒的头脑里，我试着理出一点点头绪：为什么会把值得细细品啜的陈年佳酿仰头往喉咙里灌？是酒不对还是人不对？到底"价值"是怎么产生的？

当二百多年前经济学的始祖亚当·斯密阐释价值时，他用的例子简单明了，而且生动有趣。如果一个猎人平均要花一天才能猎到一头鹿，但是花同样的时间可以猎到两只水獭，那么，鹿（皮）和水獭（皮）的价值就应该是一比二。同样的道理，如猎人一天可以抓到三只狐狸，三种动物交换的比例就应该是一比二比三。东西的价值是根据投入的"劳力"来决定的——花的气力愈多，价值就愈高。

在一个比较原始的社会里，劳力往往是生产过程里最主要的因素。因此，根据投入劳力的多少来决定价值并没有什么不好。但是，当科技进展使生产技术慢慢发生变化之后，劳力的重要性降低，用劳力投入的多少来决定价值已经不再合宜。一个人一天可以利用机器生产一百双塑料鞋，也可以用不同的机器生产一百双皮鞋。塑料鞋和皮鞋的交换比例显然不会是一比一。

当技术进步之后，劳力的重要性不但降低，而且在性质上也有很明显的变化。一个受过良好训练、技术纯熟的作业员一天也许可以装配一百部计算机。但是,一个技术层次不高的作业员可能还停留在一天生产一百双塑料鞋的水平上。对于像计算机这些产品而言,劳力可能只占生产过程的一小部分,对于最后价格的影响很可能是微乎其微。

在现在的时空环境之下,一个东西的价格不但和劳力的成本关系不大,甚至和生产过程里的其他成本也没有必然的关系。"价格"往往是由市场里的"需要"来决定。只要时尚所趋,再贵的东西也有人买,反之亦然。所以,新机种的随身听,刚出厂时身价不同凡响。一年过后,即使质量完全一样,价格可能一落千丈。同样的道理,中秋节前夕的月饼,一个数十百元。一夜过后,完全一样的东西,三个二十元,随你挑。

既然价格主要是由需要来决定,对厂商来说,维持消费者对自己产品的"需要"就变得很重要。如果能树立"品牌"的地位,使消费者忠心耿耿,不作他想,就自然能维持需要于不坠。而为了打响"品牌",厂商一方面对产品的质量下功夫,另一方面,则是利用媒体广告,主动出击。所以,买一个麦当劳汉堡付的钱里,真正付给面粉、牛肉、洋葱、侍者的固然有一定的比例,可是,还有相当可观的比例是付给各种广告支出。

对消费者来说,讲究品牌也没有什么不好。除了追求品位、时髦,反映身份、地位之外,对品牌的讲究事实上是对质量的重视。在高雄买的麦当劳汉堡会和在台北买的一样可口(或一样不可口)。在台东买的名牌牛仔裤会和在台中买的一样耐洗耐磨。品牌一经建立,本身就含有价值。

这么看来，请客吃饭时坚持要喝 XO 是为什么呢？是因为品牌呢，还是因为 XO 最适合干杯？有一位朋友曾说，喝烈酒时第一杯还能尝得出酒味，以后根本就是囫囵吞枣。即使换成国产酒，也会分不出来。

想到这里，我有点怀疑刚才喝的三瓶是不是都是真的 XO，酒拿进来时，好像都已经是开好的！我想再回忆得清楚一些，不过步履已经开始有点蹒跚……

相对论

前几天应一个单位之邀，在他们的"专题讲座"系列里作一场专题报告，题目是"经济学和法律"。听众的水平很高，有很多都有经济学硕士或法学硕士的学位。我先谈了一些经济学的观念，然后再以一个实例作为由经济到法律的转折。

我说，最近在台北市某些路段设有明确的告示：行人不走斑马线而直接穿越马路，要缴罚款三百六十元新台币或当场接受两个小时的交通安全讲习。由经济学的观点来看，这等于是意味着穿越马路有两种"价格"：走斑马线的，价格为零；直接穿越快车道的，价格为三百六十元新台币。

台下的听众都笑出声来，有几位脸上还有不可置信的表情，好像觉得我对经济学似乎太食古不化、太执迷不悟了一点。

我没有料到会有人觉得好笑，但我保持风度，开始把这种观点背后的考虑稍作说明……

当交通不是很频仍、行人穿越快车道对行车秩序影响不很大时，没有罚款的规定。这时候两种穿越马路方式的价格都是一样的，都为零。当交通秩序变得愈来愈重要，穿越快车道对行车安全的干扰愈来愈大时，两种穿越马路的价格就值得调整——让走斑马线的价格维持不变，让穿越快车道的价格提高。

我这么一讲之后，台下的听众都慢慢安静下来，表情也变得比较慎重。我顿了一下，然后继续我的推论……

也许大部分的人在过马路时，不会从"价格"的观点来决定自己的取舍。可是，如果穿越快车道的罚款不是三百六十而是三千六百或三万六千，是不是开始会有比较多的人注意到"价格"上的差别呢？

同样的观念，过去经济活动比较简单，所以创造发明的重要性有限。在现代工商业社会里，研究发展要动用可观的人力、物力，而技术发明往往牵涉到企业的兴衰。所以，创造发明和商业机密的价值愈来愈重要，也就值得以"专利""版权"的方式来保障可贵的资产。这和现在直接穿越快车道要缴罚款的道理一样，抄袭、模仿的价格不再为零。

事实上，这些事例还隐含着更重要的意义。在决定穿越快车道的罚款数目、专利权的年限、版权保护的程度时，总要有个取舍。那么，设计法规的人是根据什么准则来判断的呢？是根据道德上的高下，还是根据其他的价值指针？而且，当这些道德、价值、金钱、公共安全、交通秩序等彼此（不可避免地）发生冲突时，它们相互之间的"兑换比例"又是多少？

由此可见，经济学里所讨论的"价格"其实可以而且应该做更广泛的解释：价格只是一种"相对大小"，比较值得珍惜的东西，价格比较高——就和可贵的行为有比较高的道德情操一样。因此，人的行为除了受到金钱上"相对大小"的影响之外，还受到其他道德、良知、美丑、善恶等面向上"相对大小"的影响。而且，当这些不同面向的价值彼此冲突时，人还会在一个更高的层次上对这些价值做"相对大小"的比较。一言以蔽之，经济学（对法律）的启示，就在于要试着找出适当的参考指标，然后做出对于各种"相对大小"令人信服的分析。

讲完这一长串，我发觉台下的听众都很安静，好像听得很入神。这有点奇怪：前面简单的例子会引起质疑，后面抽象的观念却毫无争议。这是什么样的"相对大小"？

垃圾场该设在哪儿

前一段时间有一位美国学者到系里演讲，讲"污染税"的问题。讲完后听众之一发问，说最近英国《经济学人》周刊上有篇文章谈处理核能废料的事。作者（婉转地）认为：因为第三世界国家人民还不太重视生态，所以把核废料运往第三国家处理似乎较好。发问的人希望知道美国学者的看法如何。

美国学者是美国南方人，年过六十，精神矍铄，有长者风。他以标准的南方口音答道：那篇文章的推理根本不成立，人是平等的，第三世界国家的人民和任何人一样，有免于受污染糟蹋的权利，先进国家当然不应该以邻为壑地输出核能废料。

我有点钦佩这位长者义正词严的一番话。可是，我不禁自问：好坏总是相对的，如果核能废料这么处理不好，是不是有更好的方式呢？

如果核能废料不往国外运，就要埋在国内，除了基于民族主义的情怀，反对先进国家欺压剥削后进国家之外，国内或国外处理在本质上有什么差别？无论国内国外，总要找个地方埋，也总会有人认为受影响而反对。

如果"以邻为壑"是不道德的，那么，垃圾场设在人烟稀少的地方是不是也不对了呢？如果不是，那这和处理核能废料有什么差别？如果是，那么垃圾场不设在人烟稀少的地方，要设在哪里呢？和核能废料一样，垃圾总是要处理掉的，也总是有某些地方要成为垃圾场。因此，问题的关键还是在于，要在什么地方处理核能废料和设垃圾场最好？或者，换个角度看，基本的问题是，资源要如何运用才最适当？

对于资源的运用和调节，经济学者很相信"价格机能"。只要让价格机能充分地发挥作用，每一种资源都会流向价值最高的使用途径。因此，在市中心比较不会有平房花园。大学毕业生比较不会上船打鱼。只要没有人为的干预，通过价格机能的调节，可以使资源运用达到人尽其才、地尽其利、物尽其用、货畅其流的境界。

但是，要让价格机能发挥作用，必须有很多的交易，很多的买者、卖者。供给和需求交会之后，经过摸索、尝试，"价格"才能慢慢地出现、慢慢地稳定下来。在买卖双方人数有限、交易次数不频繁的情形下，不太容易形成价格，价格机能也就有时而穷。设置垃圾场和核能废料处理站就是这种情形：因为买卖的次数少，买卖的对象也不多，所以很难形成"价格"。因此，虽然一般人往往从"道德"的角度来看这一类问题，但其实关键所在是"价格机能"不能发挥作用。

因为价格机能发挥不了作用，所以只好借着协商或行政命令等其他方式来解决问题。但是，即使在这种情形下，"价格"的观念还是能帮得上忙。美国马萨诸塞州就曾经为设垃圾场而设计出一套做法：先由各行政区"报价"，要接受多少建设补助款才愿意在自己的行政区里设垃圾场；各行政区内的居民可以自己决定，愿意为多少钱接受一个设备完善的垃圾场；最后由报价最低的行政区取得设垃圾场的权利，其他的行政区付费。这种方式也确实解决了设垃圾场的问题。因此，间接的价格机能还是发挥了调节资源运用的功能。

这么看来，比较重要的也许是让各地区的人（包括第三世界国家）都尽可能地知道或感觉到环境对自己的"价值"，然后，再在这个基础上协商交易，彼此互惠。在道德情操上论对，有济于事吗？

大师的报酬

斯蒂格勒可以说是经济学界的才子。他除了满腹经纶之外，为人行文都极其风趣幽默（也偶有辛辣的时候）。他把自己的游艇取名为"宝典"。当人问到他最近在忙什么时，他总是面不红、气不喘地答道:"我最近一直在搞我的宝典。"别人马上肃然起敬,以为他又在研究室里埋首立言……

斯氏专长之一是经济史,论理叙事时总是旁征博引,各种典故信手拈来,纵贯古今令人叹为观止。他在就任美国经济学会会长时做了一场专题演讲,内容发人深省。他提到经济学者总是满腔热血,针砭时政。可是,他们所提出的建议往往并不是真正把学理上的分析和实际现象的验证相结合,而只是反映当时社会的一般情绪。他举经济史上好几位以"拿证据来"著称的学者为例,列举他们所提出的"政策建议"其实只是一些"想当然耳"的主观认定而已。虽然有满怀的热情作后盾,却经不起事实的考验。斯氏认为往者已矣,现在的经济学者不但对于分析工具掌握得更好,对实际数据的运用阐释更是大有进境。因此,他认为经济学者能真正贡献所长,对社会问题对症下药的时代终于(快)来了。

斯氏的视野不知道启发了多少的同僚后进。但是,在豁然开朗、心悦诚服之余,总不禁让人好奇:像斯氏这样集才慧功力于一身的一代大师,他的报酬"应该"是多少?

经济学教科书里常出现的一个观念是:在市场机能发挥作用的地方,一个人所得到的报酬,会等于他的生产力。因此,一个工厂作业员的报酬,会和他所制造的产品价值之间有某种呼应。可是,怎么衡量斯氏的生产力呢?是以他每年所发表的论文为准,还是他每年所指导的论文?抑或他教课的时数?这些都不过是一些"数量"而已,怎么衡量"质量"呢?他所发表的论文往往引发了一连串的研究,甚至自成格局、成为学术领域之一。他对学生的指引,往往化银成金,而后青出于蓝、各领风骚。这些岂是一时一地的几个数字所能涵盖的？

从另一方面来看，在学术上"市场机能"指的是什么也不很清楚。虽然美国大学里，无论公私立，教授之间并不是统一薪俸，待遇因人而异，高低之间相去非常悬殊。而且，教授也往往不会从一而终地一直停留在一所大学，而会在学校之间流转攀升。可是，即使斯氏已经被挖角到公认最好的大学之一，待遇自然优渥，然而，以他对经济学（界）的影响，就算是最好的私立大学，凭一校之力又能提供多好的待遇？

这么看来，也许由斯氏身上可以清楚地发现，经济学里所讲的"市场机能"有时而穷。有些东西非常有"价值"，但"市场"却不很健全，"价格"也不令人满意。话说回来，即使学术的市场不很健全，总是有某种形式的竞争；即使"价格"差强人意，学养的好坏高下在相当的程度里也有公论。这比起高下不分、一律平头式待遇的做法，相去又何止千万里？

斯蒂格勒在 1982 年得诺贝尔奖时，奖金不到三十万美元。科斯在 1991 年得诺贝尔奖时，奖金接近百万美元。他们的成就当然不能以奖金差额的多少来论定。或许，比较恰当的说法是：经过了筛选和竞争，他们都得到了象征最高成就的诺贝尔奖！

一世界不等于一粒沙

"一粒沙"到底是不是"一世界"？

在书店的每月畅销书排行榜上，总有几本是探讨心灵的，和禅、静坐、佛学、老庄哲学有关。年底公布的年度最受欢迎作家名单，也总有几位是作品销售量超过百万册的"居士"和"大师"。可是，为什么呢？为什么这些书这么畅销，为什么这几位作家能触动这么多读者的心弦？

虽然我对这一类的书籍涉猎得非常有限，但是，由我看过的少数几本以及从朋友谈话中得到的印象，这些书所反复铺陈的主要有两点：在生命里人不但会面对生老病死，还会有各式各样的考验、挫折、打击、折磨；当面对生命中和生活里这些大大小小的不豫时，不要争锋，只要在一念之间退一步，就海阔天空。

对于工商业社会快速的生活步调、冷淡的人际关系、你死我活的竞争倾轧，这两点人生智慧当然很有启发性。不过，从另外一方面来看，教别人受挫折时就退一步、不与人争，是不是只是消极的自我安慰、自我排遣，以一种阿Q式的推论寻求精神上的胜利？这些充满智慧、温馨可感的提醒劝慰是不是只是暂时解忧忘愁的"镇定剂"——毕竟在舔舐自己的伤口之后，还是得面对同样人吃人、狗咬狗的残酷世界！

稍微想想，这个世界上毫无私念、一心为人的心灵并不多，大部分的人是平凡、平实、和你我一样有血有肉有私心的正常人。因此，人和人相处时，因为彼此利益冲突而产生疙瘩摩擦是再正常不过了。然而，在过去的农业社会里，个人往来相处的对象主要是和自己有血缘关系的亲戚妯娌，因此，彼此之间的摩擦往往可以借着伦常关系这种"润滑剂"来纾解排遣。在现代工商业社会里，一个人往来的对象绝大部分是和自己没有血缘亲戚关系的第三者。这种现象再加上工商业社会你赢我输、竞争激烈的特性，人与人彼此之间摩擦倾轧的程度显然远胜于往昔。因此，现代人有浓厚强烈的压力和挫折感，其实也不难理解。

要怎么样面对这些挥之不去、几乎无日无之的压力和挫折呢？工商业社会的市场经济提供了很有趣的参考点。

在一个活泼热络的市场里，有成千上万种商品。经由买卖互动，也就呈现出成千上万个价格。这些高低不一的"价格"就成为一个人在考虑如何运用资源时重要的"参考坐标"：夏天牛奶贵时可以多喝豆浆，冬天牛奶便宜的时候就多喝鲜奶。人可以而且应该参酌市场里各种商品的相对价格来运用自己有限的资源。

人和人之间交往时因为亲疏远近、利害深浅，也会呈现出一种"价格结构"，和同事朋友可以饮酒作乐、在街角小店和老板泡茶聊天、和送报生只是点头微笑等等。根据交情的浓淡厚薄，在情感和物质上往往还会慢慢出现一种稳定的相对价格。一个人也就会根据这个潜在的、隐形的价格体系和别人交往互动。

有趣的是，市场里的价格通常是由众多的买卖双方所共同决定的，而"非市场"的价格却往往可以取决于自己的举止。所以，每一个人自己就像是一个小的"价格体系"，而且自己可以主动地调整这个价格体系上的"相对价格"。在办公室受了同事或上司的气，自己可以告诉自己，大概是别人心情不好、接受挫折是培养韧性、以后还要相处……只要能说服自己，相对价格一调整，喜怒哀乐的情怀当然也就可以随之变化。

不过，这种"退一步海阔天空"、借着调整相对价格以因应考验的做法也有一些潜在的问题。自己固然可以在主观上自我调适、自求多福，可是，环境里客观的结构并没有改变，以后再遇到挫折时是不是还要继续委屈自己？而且，如果别人知道自己"退让"的策略，难道不会得寸进尺，结果不是为自己带来更多的摩擦纠纷吗？还有，更根本的问题是，改变自己价格体系的做法是不是一种"好的世界观"？这种反求诸己的态度是不是就足以认知和应付现代人所面对的复杂诡谲的大千世界？或是应该设法更平实深入地去了解一下人的特质以及人和人之间交往时的一些特性，从根本上去认知这个外在世界的脉络？

也许，一粒沙确实是一世界。不过，世界却绝不是一粒沙……

第七章　神奇的"市场"

在"市场"里,每个人都可以凭一己的才能、智慧、好尚、取舍,然后通过"交换"去追求和实现自己的目标。而在考虑交易时,每一个人只要顾虑自己的利益就可以了。不同的利益经过调节,自然会产生出对大家都好的结果。

生命的意义

现代生活里,整个经济的好坏和每一个人都息息相关。可是,虽然大家都知道经济活动的重要,但到底经济活动的本质是什么?经济活动的目的又是什么呢?

当鲁滨孙漂流到孤岛上之后,他要想办法活下去。所以,他会采食林中的野果,会捕取河中、海中的鱼虾。而且,为了遮风避雨,他还会搭屋结舍。如果他是好学爱智的人,他还可能想办法把落难之前读过的诗词歌赋刻写在木板或石块上。如果他喜欢吃玉米大豆,也许他能从沉船的遗骸里找出一些种子,然后翻土为田。如果他运气好的话,在虫食鸟害之余,说不定还能有一些收成。

但是,不论如何,在鲁滨孙"一个人"的世界里,他必须完全由"他自己"解决"所有"的问题。对他而言,重要的是决定要花多少时间在张罗和贮存食物上,花多少时间在修房补屋上,还有花多少时间在锻炼体力智力上。因此,他面临的纯粹是"分配"的问题。

当星期五出现之后,如果鲁滨孙只把他看成是另一只(可能长得比较像人的)猴子,那么他的世界并没有改变多少。最多他必须多花点时间防范星期五偷吃他的存粮。但是,如果他把星期五看成另外一个"人",那么,不论他是用动作或语言和星期五沟通,他的世界就再也不一样了。

在这个新的世界里,两个人可以发展出"合作"的关系。经过摸索调整,两个人很可能取得协议,彼此截长补短,各尽所长。鲁滨孙可能负责耕种收割,星期五可能负责结网捕鱼。然后两人或者以物易物,或者一起食用。而且,由两人合作搭盖屋舍,显然要比过去一个人独自或两人各自分开所能搭建的要好得多。不论是"分食"或"共食",重要的是"合作"的关系。

两人合作能使两个人都获利,而且合作本质上就是一种"交换"。鲁滨孙付出自己的劳力时间以换取星期五也付出或多或少或一样的心血。因此,经由这种"交换"的关系,两个人都能享受比以前单独过日子更好的际遇。

现代社会的工商业活动虽然要复杂得多,但追根究底,还是由个别的"交换"关系所累积重叠而成。一个人付出体力或智力得到报酬,这是一种交换。厂商生产出售商品而得到报酬,这也是一种交换。各式各样的交换在不同的场所里不断地进行,这些场所就以"市场"这个抽象名词来代表。所以,职业棒球员和观众在棒球场进行"交换",老师和学生在教室里进行"交换"。在理想的情况下,通过每个人反映自己的偏好(需要),各个市场里会呈现一种"自然(形成)的秩序"。

这种"自然的秩序"描述的是一种没有人为干预、指挥、安排、设计,自然而然所形成的秩序。在这个"自然的秩序"之下，专业化的分工很精细，每个人凭自己的特长而获取报酬。商品的式样花色也不可胜举，刚好可以满足消费者千奇百怪的品位好尚。

对经济学者而言，由交换关系所形成的"自然秩序"是很奇妙的一种现象。但是，更重要的是这个"自然的秩序"蕴含对"个人价值"的尊重。在"市场"里，每个人都可以凭一己的才能、智慧、好尚、取舍，然后通过"交换"去追求和实现自己的目标。

当然，理想的自然秩序从来没有出现过。市场里的交换关系存在着各种缺陷，由那一只"看不见的手"调节运作的结果不一定令人满意。因此，即使在资本主义市场最发达的社会，有的是十恶不赦的资本家，有的是三餐不继的流浪汉。"自然的秩序"永远只是相对的名词，而不是绝对的指标。重要的是这个自然秩序所隐含千千万万个微不足道的"交换"关系。

通过各种"交换"，个人得以增进自己和别人的福祉。而且，"交换"关系表示对"个人主权""个人尊严"的尊重。这么看来，生命的意义也许就在于通过各种"交换"而追求和实现个人价值吧！

每个人都诚实的世界会存在吗？

如果世界上所有的人都是诚实的，每个人都说一是一，说二是二，商人童叟无欺，政客表里如一，那么，这应该是一个很安全、很美好、很令人神往的世界。

当然，问题是：每个人都诚实的世界会不会存在，可能不可能存在？

假想一种情况：在某一个专门卖水果的市场里，刚开始时所有的摊贩都是诚实的，他们不会短斤少两，不会以假乱真。他们把水果按质量高下和等第好坏分门别类得一清二楚。顾客无须挑选翻拣，只要根据标示、说出数量，老板自然会分毫不差地把水果称好、包好。顾客也无须担心找的钱会短少不够，因为老板是诚实无欺的。

然而，即使人是诚实的，人却不一定是精确无误、毫厘不失的。一个小贩也许哪一天无心地把几个次级的梨子错放在上等梨子之间，也许他忙得晕头转向时看错了斤两，也许他找钱时不小心少找了几十块钱。这些完全都是偶然的无心之过。但是，在晚上盘点时，小贩发现他"多赚"了一些钱。一时的差池当然不会改变小贩的作风。可是，接连几次因为意外而尝到甜头之后，小贩发现了一个"道理"：既然无心之过和有意的偏误结果是一样的，而且顾客不会察觉、自己又能多赚一些，那么，为什么不干脆"有意地"犯些错。毕竟，偶尔的不精确（不诚实）并不是罪恶。

因此，"不诚实"的小贩会在偶然的情形下出现。而且，因为他赚的钱比较多，所以他的竞争条件变得比较好、生意也就能做得比较大。因此，在这一群诚实的小贩里，不诚实的小贩不仅有容身之处，而且生意可能比别人还兴隆。当然，除了不诚实的小贩自己之外，别人不一定知道事情的原委底细。

当所有的小贩都诚实时，会有不诚实的小贩出现。同样地，当所有的小贩都是不诚实时，会有诚实的小贩出现。刚开始，当所有的小贩都是鱼目混珠、偷斤减两时，顾客必须要花很多的时间心力去自己挑选水果、自己盯着秤锤斤两。在这种情形下，如果哪一天买回家的水果刚好像小贩所夸称的一样甜美，下一次自然比较愿意再光顾这个摊位、比较愿意再相信小贩的话。几次之后，一方面顾客可省下一些时间，不必再锱铢必计地自己挑、自己选、自己称；另一方面，小贩也"发现"了说实话可以招徕顾客，可以发展出一些老主顾。因此，有些小贩会开始变得（比较）诚实，因为诚实带来好处。

由此可见，不论是由"全部诚实"或"全部不诚实"开始，世界都不会停留在这两个极端上。经过一段时间的发展演变，极端的世界会慢慢消失。世界会变成同时存在着诚实和不诚实这两种人，就像我们所身处的这个世界一样。

因此，世界上会有诚实的人，也会有不诚实的人；会有好人，也会有坏人；会有高尚的人，也会有低劣的人。这可以说是极其自然的。这个世界不可能是单纯的，因为单纯的世界会被复杂的世界所取代。这个世界上也不会只有一类人，因为会有另一类人趁机出现，而后共存共荣。所以，期望世界上的人都诚实、都是好人、都很高尚，是不可及的目标——事实上是"不该有"的目标。

可是，如果"希望所有的人都诚实"是不可及的目标，那么，比较实际可及的目标是什么呢？诚实地说，我不知道。如果有人说他知道，我猜他是在说假话！

做个没有声音的人？

几天前回家后，发现电话留言上有电信局的通知：次晨十时起，有八个小时进行电话线路工程施工，通话暂停。我心里想，时代真的不太一样，消费者的权利开始受到重视了。

大前天电话不通，前天依然，昨天还不通。打障碍台查，输入家里的号码，答复还是电话线路工程。今天上午和下午我在办公室打电话回家，依然是不通。我的权利意识受到刺激，决定要有所表示。

我先拨电话给障碍台问：电话已经停了四天，电话基本费是不是还照算？112障碍台的小姐不知道，给我"收费科"的电话。我向收费科接电话的小姐说明意见，她要我稍等，请她的上司说明。上司说，"市内电话服务手册"（之类的）里面有规定，停话三天内费用照收，第四天起停收。我问为什么不从第一天起就停收，她要我向"公关课"反映。

我吃饱午饭后没事干，就拨通公关课的电话。接电话的小姐口气和善，显然深知职责所在。我把意见讲了第四次，她说因为工程需要，总要给电信局一点时间，所以定为三天。我问为什么不是二天或五天，而是三天。她说以前是七天，现在已经缩短成三天。我建议电信局再缩短时限，然后留下姓名电话，要她把"向上级反映"的结果告诉我。她略微迟疑，但还是答应了。

放下电话之后，我不禁自问，站在用户的立场，我们等于是和电信局签了一纸契约。电信局提供电话服务，我们付钱。没有服务，当然不应该收费。而且，因为服务中断而造成的不便和损失，电信局事实上应该有所补偿。因此，断话三天之后才停收基本费当然不合理。

可是，从电信局的角度来看，显然有不同的观点。维护线路和工程施工是提供服务所必要的，在"合理"的时间里完成，似乎不应解释成"服务中断"。而且，如果从停话的第一天就停收费用，这固然可以对施工维修单位造成压力，促使早日完工。可是，慢工出细活，乱中反而容易出差错。用户难道不愿意稍微牺牲一些以确保质量吗？更何况，如果从停话第一天起就停止收费，减少的收入势必要以其他方式弥补。说不定每月基本费都必须提高。

这么一联想，我有点犹豫，不知道到底该不该让自己继续"权利意识高涨"下去。不过，我想到经济学里的基本定理——在考虑交易时，每一个人只要顾虑自己的利益就可以了，不同的利益经过调节，自然会产生出对大家都好的结果。所以，下次有问题时我应该还是继续"惹是生非"！可是，我又联想到一位个性刚猛、喜欢仗义执言的朋友，他家里的电话常出状况。不知道这和他常打电话四处抗议有没有什么因果关系？

不要想得太多

朋友由海外回国，在我们家里盘桓几天。要离开时多了几件行李，他要我帮他向租车公司叫一部有司机的轿车。租车公司说，由市区到机场，进口车一趟八百块，国产车六百块。问他要哪一种，他说要国产车。

在路边等车子的时候，我好奇地问他：坐进口车舒服得多，只差两百块，又不是付不起，为什么要叫国产车？他耸耸双肩，咕哝了一句"国产车也不错"之类的。我也就没有再追问下去。

把朋友送走之后，我忍不住整理一下思绪，想想这到底是怎么回事。

他要国产车，我想，很可能是基于"爱用国货"的心理。即使是微不足道，也希望多少能促进国内汽车工业的发展。但是，在现在反体制反权威的气氛之下，他也许不愿意明讲，免得惹来无谓的讪笑嘲讽。可是，假使他真有民族主义的情怀，希望略尽绵薄，他的选择就是对的吗？

如果有很多人基于同样的心理"爱用国货"，国产车或许可以有立足之地。而且，在有利可图之余，也许还可以研究发展，更上层楼。真正生产出从头到脚、地地道道的国产车，建立自己的汽车工业。但是，从另外一个角度来看，也许就是因为有许多人爱用国货，加上有很多机关基于"政策性考虑"而买国产车，结果国内厂商才可以在这种"不自然"的环境下勉强生存。而且，因为有保障，所以也不用花什么气力研究发展，反正有靠山。因循浸渍的后果，是几十年之后还是落得个只有"汽车装配工业"！

在这种情形下，如果爱之深责之切地"故意"多选用进口车，是不是刚好能逼国产车面对现实——要生存就必须硬碰硬地一分钱一分货——结果反而能让国产车有独立自主的一天？因此，基于民族主义的情怀，希望国内汽车工业能自力更生，"应该"采取的手段可能刚好有南辕北辙的两种极端。对于处在最外围你我一样的老百姓，又怎么知道该做哪一种取舍？

不知道该如何取舍还只是问题的一部分而已。更深刻的考虑是，在斟酌选国产车或进口车时，有必要想得那么远，"为建立国内汽车工业而坐"吗？为什么不顺人性之自然地"哪一个好坐哪一个"？

亚当·斯密在 1776 年出版的名著《国富论》里有这么一段话："当你向肉贩买肉的时候，你心里想的应该不是'我买了他卖的肉，他赚了钱才能在晚餐桌上有奶油面包'。你想的只是在你自己荷包的限制之下，怎么样买到又便宜又好的肉……"可是，就是因为你我大家都"自私自利"地想买既便宜又好的肉，所以，经过竞争，那些卖得既贵又不好的肉贩就会被淘汰而慢慢消失，最后大家都可以买到既便宜又好的肉。想一想，如果你花钱的时候总是希望让卖东西的人多赚一些，结果会是如何？而且，你觉得大家"应该"有类似的希望吗？

我自己没有车，每次坐公交车或坐出租车时也从不管国产车或进口车，来了就坐。我真想不透为什么朋友会坚持要坐国产车。而且，我甚至有点好奇，不知道朋友每次国际旅行时是不是都坐国内航空公司的飞机。也许，下次我该问问他……

我们为什么"做好事"

当我们在做一些"好事"的时候，是因为知道会有"好的结果"我们才做，还是因为做好事只是让自己心理上得到满足？到底我们为什么"做好事"？

下午我把自己研究室里的"资源回收纸箱"拿到外面，好让工友把里面的报纸、杂志、广告信函等纸类垃圾收走。当我把空盒子带进房间时，我突然有一连串的联想……

从大约一年前开始，我工作的单位提供一个大纸箱，做纸类的资源回收。以我个人的经验，有纸箱和没纸箱的差别真的很大。过去所有的垃圾混在一起丢掉，现在约有五分之三的垃圾是纸类，可以回收之后做"再生纸"。

可是，虽然我每次都小心翼翼地把纸类垃圾丢到回收箱里，我却并不知道这些废纸是不是真的被再生利用。而且，整个单位回收的废纸量很可观，这些废纸卖的钱又到哪里去了呢？会不会在回收过程的某个环节上被"利润均沾"掉？

尽管我心里有这些问号，可是却一直都还身体力行地配合支持。而且，不只是在"纸类回收"这件事上如此，在其他一些类似的事上，我也都是保持这种态度。我捐血已经超过四十次，虽然我从新闻报道中知道，捐血协会在处理捐血时曾有人谋不臧、中饱私囊的事，兴建捐血协会的大楼时也有营私舞弊的记录，可是我知道我还会继续捐血下去。

我曾陆陆续续地捐了几万块钱给残障联盟之类的公益性团体，但我也知道在这些公益性团体里，派系摩擦纠缠的程度绝不输于一般的公私立机关。捐钱给他们有可能只是增加纷扰，或者推迟这些团体自然消失的时间。可是，我想我还会继续下去。

做这些微不足道的"好事"，我想主要的理由可能和其他人都差不多。在我们做的十件好事里，也许只有两三件发挥作用，其余的都被浪费掉了。没有关系，经过一段时间之后，或许会变成有四五件发生效果。其次，我们平常在市场里讨价还价、锱铢必计，在生活工作里尔虞我诈、争权夺利，但是，有机会做这些另外的"好事"显然能对我们的心灵起洗涤净化的作用，做这些事会让我们觉得自己是个还不错的"好人"。

更深一层的考虑，是这些"好事"隐含着一种"价值"的诞生和成长。在没有资源回收之前，废纸被浪费掉，现在可以被收集之后循环利用。过去没有捐血协会，我们身上的血无处可捐，现在可以帮助需要输血的病患。过去残障人士的权益不受重视，现在有联盟出面，残障人士应得的权益显然会在人们的心里慢慢滋长，最后成为事实。

这些"价值"在凝聚成形的过程里，现在可能被浪费、误用、图利、营私。但是，这（很可能）只是阶段性的现象，先让价值出现最重要。等价值累积到比较可观的程度时，自然会吸引较多人的注意。在大家的督促注视下，这些价值也就比较可能确实地流向"正途"。如果价值不先出现，将永远只是被闲置的资源而已。

这么看来，"做好事"并不一定就会有"好的结果"。不过，追根究底，要不要"做好事"是你我自己可以决定的。因此，只要打定主意，放手去做就是。结果是好是坏你我不一定能控制得了，也不一定值得你我去操心……

市场机能的"保险"作用

在现代资本主义社会里,经济学对于"市场机能"的歌颂几乎已经是家喻户晓、妇孺皆知:你去买面包时,不需要帮面包店老板的丰啬担心,你只要注意面包是不是物美价廉就可以了。但是,虽然每一个人都"自私自利",可是经过那一只"看不见的手"调节供需,最后的结果是皆大欢喜,每一个人的福祉都增加了。

其实,市场机能的奥妙不止于此。由"保险"的观点来看,市场机能更是令人不得不惊讶赞叹……

在农业社会里,家庭宗族里的成员彼此提供保险,共度福祸。除了物质上的互相与援之外,彼此在情感上的交流互动也非常频繁。而且,情感上的交往对于维系这种家族内的保险非常重要,就是因为彼此交往密切,所以在物质上互通有无时也就比较能泰然处之。如果平常没有感情上的交流,即使彼此有血缘关系,在需要与授时也不见得能互相济助。另一方面,因为平时交往亲疏不一,所以,对每个人而言,保险的"费率"往往因人而异。个人的辈分、年龄、和其他人的交情,都会影响他所面临的"费率"。因此,家庭宗族之内的保险可以说是非常细微精致。

细微精致的"交易条件"隐含的缺失是,这种契约性的安排不太容易"标准化",所以涵盖的范围必然相当局限。工商业社会里的商业性保险就能避免这种缺失。基于利润动机,标准化的产品能够让交易变得比较容易,因此可以扩大交易的范围。而且,商业性保险的"费率"和血缘关系毫不相关,重要的是投保人的所得、生活习惯、健康情形、支付能力、年龄性别等等。标准化的商业性保险不像家庭家族内的保险那么细致，但标准化同时意味着较有普遍性、交易的数量和范围较大，因此承担风险的能力也较强。

更有趣的是，在现代工商社会里，市场机能取代了过去农业社会里自给自足的生产和消费。市场机能隐含的是很复杂繁密的一套网络。经过琐碎片段的交易组合，经过层层细致的堆积重叠，整个价格机能提供千千万万种各式各样的产品，也同时维持数以万计的工作机会。一个人只要通过市场里的交换，可以凭借非常特殊的才能（艺术工作者）或非常平凡的技术（装配在线的工作者）而取得报酬。而且，经由这种交换关系得到的收入，要比农业社会里看天吃饭稳定得多。因此，市场机能本身就具有保险的功能——能减少收入上的起伏。

当市场机能充分发挥功能时，市场里有许许多多的就业机会。一个人万一因为某种因素离开他原来的工作，可以很容易就能找到另外一个工作。因此，就这一层意义来说，市场机能具有第二种保险的功能：个人参与市场的经济活动（包括生产和消费这两方面），就等于是在"缴保险费"。而当个人离开某一个工作时，能有市场里其他的选择，这些其他的选择机会就是个人所得到的"理赔"。换句话说，市场机能是由众多的个人所维系的。虽然每一个渺小的个人所交易的数量微不足道，但累积之后整个体系所囊括的资源却非常可观。市场机能提供给每一个人几乎是无穷多的就业和工作机会。

当然，市场里的商业性保险以及市场机能所具有的保险功能不一定能照拂到所有的人。残障、废疾、老弱、孤寡等很可能一方面买不起商业性保险，另一方面也没有能力借着参与市场活动而享受到市场机能的好处。仔细想想，确实如此。市场机能不是万灵丹，它有时而穷。

不过，当市场那只看不见的手出问题时，我们是转向政府这只"看得见的手"求援，还是设法诱导出一个"公益、慈善事业"的市场，然后让这个市场的市场机能发挥作用？哪一种取舍比较好呢？

第八章　市场并非万能钥匙

由于曲高和寡，好的商品可能会消逝；借着出奇制胜，不好的商品也可能独领风骚，竞争不见得会产生一种特定的结果。市场机能淘汰过滤的特性并不能放诸四海而皆准，而往往必须以其他的方式来评估良窳优劣。

不受青睐的面馆

我住在台北市里一个不算热闹的区域。虽然巷子口就是干线之一，可是，因为位在边陲，所以附近的商业活动不算特别兴隆。我搬来这里有两年多时间，看过巷子口两边的店铺开张大吉、关门乔迁了好几家。"适者生存"的法则似乎在默默地主宰着兴替荣枯。

几个月前，离巷子口没多远的地方新开了一家牛肉面。我暗自庆幸又多一处逐水草而食的地方。但是，在开业的第三天去吃了一次之后，我心里却开始怀疑，这家面馆可能会命运多蹇。倒不是面不好吃，还过得去，不妙的是食客太少。我去捧场的时候正是晚餐时分，但在半个小时里，老板一家人前前后后殷勤招呼的，只有我和另外两个人！这显然不是墙上那个"高朋满座"的匾额所预测的情景。

几个星期过去，情形并没有改善。每天傍晚经过，看到里面客人最多不到十个人，另外空了二十几个座位。有时候一个客人也没有。再过一段时间，店里好像只有老板娘一个人坐在最后而往外看。冷气也不开了，店里的灯好像也关了好几盏。我不知道这家店还能撑多久，但是我心里暗暗佩服，面馆老板眼看着斜对街那家牛排馆里灯火鼎盛、人影幢幢而能泰然处之。

然而，不受青睐的店家会被淘汰吗？应该被淘汰吗？

经济学里有一个很基本的观念，在自由进出的市场里，消费者会个别选择他们最喜欢的商品。然后，经过一段时间的竞争，东西好又卖得便宜的厂商会被筛选出来，不好的厂商会被淘汰。根据这个观念，就长期来看市场里不应该有不好的（不受欢迎的）商品和不好的厂商。但是，在现实社会里，市场里事实上有不计其数的劣等品，也多得是似乎永不凋谢的三四五六流厂商。这要怎么解释呢？

虽然好商品会赢取消费者的欢心和钞票，但是，怎么样界定什么是"好"的商品呢？光顾这家牛肉面馆，我喜欢的可能是"料多又大碗"，可能是又Q又软的面条，可能是特殊风味的牛肉汤，可能是古拙可爱的餐具，可能是笑容可掬、年轻貌美的侍者，可能是妈妈桑的举止神情让我想起自己的娘，也可能是店里安静得出奇，还可能是因为其他各式各样的理由。所以，什么是好商品并不是那么清楚。而且，这家牛肉面馆能维持下去也可能是因为奇奇怪怪的理由（开店只是还愿而已，两天卖一碗也无所谓）。

可见，由于曲高和寡，好的商品可能会消逝；借着出奇制胜，不好的商品也可能独领风骚，竞争不见得会产生一种特定的结果。最多只能说，比较多的人所喜欢的东西比较容易被市场保留下来。但是，被保留下来的并不一定是好的东西。事实上，被保留下来的可以说和好坏无关——它们只是在市场竞争的这种方式之下被保留下来而已！

当然，更深刻的问题是：如果市场竞争这种方式不好，是不是有更好的方式来运用资源，来满足好尚殊异的消费者？是由行政体系来一个口令一个动作，还是其他？

十几年前黄俊雄的木偶戏《云州大儒侠》风靡一时。其中某一集里正邪双方大战之前，彼此喊话。正方说："邪不胜正。"邪方不否认自己是坏人，但是他说："历史上死的总是好人。"结果，一阵厮杀之后，倒下去的竟然真是好人！据说播出之后主管单位以"有碍教化"加以告诫。黄俊雄的木偶虽然还偶尔在电视上露面，但显然早已不是当年的盛况。这是岁月不饶人呢，还是"死的总是好人"？还是因为第四台、职棒什么的？

自然形成的秩序？

不知道这算不算是太阳底下的新鲜事。听同事描述，学校里有某个系老师之间斗得很厉害。虽然都是年轻人，也都是有博士学位的高级知识分子，可是，彼此使出的招数却不太高明，甚至叫人不敢恭维。有一位教授在出研究生入学考试的试题时，有这么一段话："某系有两位教统计学的老师，分别是'黄大笨'和'王特笨'……"黄、王两位教授不是别人，正是出题教授的死对头。

试题一出，不但研究生入学之后在两位教授背后指指点点，拜南阳街补习班之赐，这份试题已被收进"历届试题题库"，注定要流传久远!

这件事听来不可思议,大学里的教授们不该是有礼有节、为人师表吗?但是,事实上这确有其事。而且,更荒谬无稽的还所在多有。其实,稍微想想,这件事发生在(大学)校园里并不足为奇。

最近校刊上登了一则消息,报道农学院已经在院务会议通过了一个"不适任教师处理办法"之类的章程,明定要对农学院里各系所的老师定期评鉴。对于那些评鉴结果不佳者,系(院)方先规劝;如果再没有改善,系(院)方可以做适当的处置。我不清楚所谓"适当的处置"是什么,也不了解农学院里老师之间相处的情形如何。不过,以我自己的观察,如果这个"办法"在我所属的学院实施,很可能会成为各系里人事倾轧的工具。而且,不只我有这种顾虑,我问过的几位老师也有同样的感觉。

即使在美国,即使是在自然科学学科里,也都有"科学里的政治(倾轧)"。有现在的显学,当然也有被忽视的、过去的或未来的显学。自然科学如此,更何况探讨人的社会科学。目前国内在社会科学的范围里,从事教学研究的人数还不算多,学科存在的时间也不算长,所以,本身还没有累积结晶出一套大家都能接受、能衡量绩效高下的尺度。因此,学术上的地位往往和行政机关里的升迁若合符节。领导地位和权威身份的取得经常是因为年资经历够久或人缘关系够广,而不是因为教学研究上表现出色。

既然没有什么客观的尺度可以凭借,而且大家彼此又没有从属关系的约束,所以,主观上的好恶变得很重要。彼此的歧异可以由"人的问题"巧妙地转化成"事的问题"——借着一些虚无缥缈，甚至是无中生有的说辞来互相倾轧，而美其名曰"对事不对人"。（台中某大学里一位老师曾面临被解聘的问题，他被指控的劣行之一是"偷拿学校的卫生纸回家用"！）

因此，在目前的环境里，一些出发点用意良善的做法，稍不留意就成为人事纷争的工具。当然，更根本的问题是这几乎是个"两难"。不适任的教师确实存在，好坏高下也确实应该有所区分。虽然某些做法可能会有（严重的）副作用，但是，如果只是让时间来厘清这一切，需要多漫长的时间？谁又能保证在时间的筛选过滤下，一个好的秩序真的能自然而然形成？而且，即使真能如此，在这自然形成的过程中，又要承担多少缺失？

在市场里，毋庸"不适任厂商处理办法"来筛选。经过消费者自己的选择，商品的好坏高下会很自然地慢慢浮现出来，厂商的盈亏也就有以致之。可是，市场机能淘汰过滤的特性并不能放诸四海而皆准，而往往必须以其他的方式来评估良窳优劣。然而，这些"其他的方式"本身也有优劣高下。那么，要如何选择其中比较好的呢？

据同事说，"王特笨"和"黄大笨"并不笨。事实上，他们都是好老师，只是和系里有些老师处得不太好……

考场上的"见贤思齐"

开始教书几年之后，一方面是觉得稍有心得，可以不揣浅陋地略作推广；一方面也是想多了解实际现象。所以，我开始在学校附设的推广中心兼一门课，对象是各级政府的公务人员。

这些"老学生"多半抱着"充电"的心情来上课，所以都很认真。而且，也许是在外面做过一段时间事，人情世故比较周到，因此对老师都非常客气。教过的一两班都处得很好，课程结束之后都还有联络。

以往考试我都在场，所以没有问题。上学期末结束后我刚好要出国一趟，不能到堂监考。因此，在最后一堂课上课时我就提醒班上的同学：考试采取荣誉制度，同学之间不值得"彼此参考"，也不必要；重要的是这一学期你收获了多少，而不是你在考卷上摆进了多少的东西。

在飞机上我还猜想，不知道我的呼吁能不能发挥作用。

从国外回来，信箱里已经摆了一包考卷。因为事忙，我也一直没有拆封。这两天较闲，才开始改考卷。刚开始的几份还好，虽然答得不特别理想，却都是自己的见解。接着的就好玩了：好多份考卷不但图形画得一样，文字说明一样，用的成语一样，甚至连错别字都错得一样。这未免太"见贤思齐"了一点吧！

改了一阵之后，我放下红笔，试着在脑海里想象当时的情景。

考试时间是一百分钟。刚开始时大概大家都埋头振笔直书，写比较简单、每一个人都会的部分。一二十分钟之后，也许有人开始先嘀咕几句：怎么这么难，其他的都不会写，怎么办？有两三个人附和之后，原先嘀咕的人可能就碰碰邻座的同学：借参考一下好不好？被碰的人不好婉拒，就让他看看试卷。

一个人先起头之后，其他人的顾忌就少了许多。开始有其他的人向别人"请教""参详"。借光的人一多，原本打算自力更生的人意志也发生动摇：既然别人都找到与援，自己没有，不是会吃亏吗？因此也不妨斟酌损益一番。

"文化交流"的人多了以后，声势更壮。原来只是向自己附近邻座的同学商量，现在开始在教室里走动。聪明一点的，可能先去看看成绩比较好的两三个人所写的之后，再"货比三家"地填上自己觉得比较标准的答案。

最倒霉的应该是让别人沾光的那几个人。他们是有备而来的，而且也不（见得）希望让别人分享自己努力的成绩。但是，在那种气氛之下，不但不好劝阻别人不要逾矩，当别人找上门的时候更不能独善其身，只好"舍生取义"！

结果呢，我看考卷的时候能清楚地感觉出来，班上有"好几群答案"，每一群的答案大同小异。虽然我能看得出来其中有某几个人是"参考别人的人"，有某几个人是"被参考的人"，但是，对大部分的人而言，这条界限很模糊。这真成了是非不明、黑白不分的状态。而且，我相信还有人可能因为"结合古今中外学说的精华，加上自己独自见到的小道理"，而得到比原作者更好的分数！

（自由心证地）改完考卷之后，我心里想，不知道下学期在课堂上碰面时，我要说些什么。我该视若无睹呢？还是冷言冷语几句？还是隐恶扬善？

也许当初我根本就不应该用笔试，期末交报告不也很好吗？明明知道他们很可能会为了求好心切而"有所为"，为什么我还要知其不可而为。我是什么人，凭什么去试炼别人？

低度均衡

现在的大学生大概很难想象"古早"以前,绝大部分小孩子都穷得买不起鞋子,所以只好赤脚上学。他们大概也很难体会以前买米之后还要"捡米",把米粒里掺杂的碎石、砖屑挑出来。这些碎石、砖屑有一小部分是自然混在米里,但有相当的部分却是被放到米里鱼目混珠的。这种损人未必利己的做法现在想来有点可笑,但却曾是千真万确的事实。印度国防科技进步到早已经能发射人造卫星和洲际飞弹,但现在在某些地区性的市场里买来的米,还是都掺有这些"人工制造"的"营养米"!

制度学派的经济学者对人类经济活动的发展有很生动的描绘:区域性农业社会能自给自足之后,简单的工商业就开始萌芽。以家庭为生产单位的手工艺品先在自己的村庄里交易,然后扩展到邻近的村落。当交易量渐渐变大之后,这些小商人就会开始一方面雇用亲戚或没有血缘关系的人来加入生产的行列,另一方面也把交易的范围扩展到更遥远的城镇。可是,路途遥远会引发各种意外。所以,或者雇保镖随行,或者沿路付买路钱给各地的大哥,以求多福。

生意做大之后,商品可能要送到国境之外数百千里的市场。这时候事情变得更复杂。不但"业务代表"可能因一念之私而侵吞财货,在异地买卖的商品质量也必须用更客观的方式来衡量。而且,一旦发生纠纷,随之而来的诉讼、认定、裁决、履行等等,都是问题。所以,随着贸易范围的扩充,聪明的生意人就会发展出一整套密密麻麻的习惯、规矩、典章、制度,以支持和维系这个错综复杂贸易网上的每一个环节。

当然，并不是所有的社会都成功地克服了这个发展过程里各个阶段的障碍。各种（奇奇怪怪的）因素都可能造成瓶颈，而使一个社会停留在某一阶段里因循，而达到一种"低度均衡"。这种低度均衡一旦形成，也会衍生出一些自缚手脚的作为，让这个低度均衡能生生不息地延续下去。至于说是哪些因素助长或阻碍了一个社会的进展，就不是简单明了的问题。每个社会有不同的自然和人文条件，因此也有不一样的历史经验。要找出问题的症结和调整的手段，必须针对各个社会的特性"个案处理"，并没有一成不变的通则可以遵循。

社会的进步当然不容易！如果进步是容易的话，历史上就不会有那么多的社会落入衰败沦灭的命运。如果繁荣是触手可及的话，世界上就不会有那么多的角落里还是一片贫穷悲惨的景象。崇高的目标固然令人向往，美好的远景固然令人振奋，但是，你很清楚要从目前的"低度均衡"过渡到"高度均衡"应该采取什么样的方式和手段吗？

戴起你的头盔来

对一般人而言，经济学似乎是一门遥不可及的学科。经济学教科书里总是有一大堆的图表、术语、方程式，那些也似乎都和我们日常的（经济）生活毫不相关。经济学是不是一群经济学家所玩的益智游戏而已？

其实，就像牛肉面一样，经济学也有很多种"做（教）法"。如果阐释得宜，经济学不但能扩充我们的视野，而且，对于改善自己和他人的生活都有生动而深刻的启示。

经济学里常讨论的一个观念叫"均衡"。用最简单的例子来说，把一个乒乓球放在碗里，乒乓球蹦跳之后会停在碗底。如果碰碰碗边，球会摇晃几下，但最后还是会平稳地停在碗底。这就是一种均衡。在碗和乒乓球这个小体系里，根据现有的条件，如果没有外力的干预，球自然而然地会停在碗底。

当然，均衡只是对某一种状态的描述，本身并没有好坏高下的含义。但是，有些情况虽然可以说是已经达到均衡，但并不是什么好的均衡。

多年前，美国职业曲棍球联盟刚成立时，球员在比赛时都不戴防护头盔。观众愈来愈多，球队之间的竞争也愈来愈激烈。球员在冰上推挤冲撞、吆喝叫骂之余，有（很多）时候也彼此拳脚相向，球棍满场飞舞。后来慢慢地变成一场球非打几场架不可，打架变成比赛的一部分。

大家打架打得凶，也都有挂彩受伤的机会。但是，整个联盟却没有任何一个球员戴头盔上阵。最凶悍的球员在私底下婉转地表示："如果别人开始戴头盔，我也愿意戴。可是，如果别人不戴，我拼死打得头破血流，也绝不会先示弱戴头盔。要是我先戴头盔，以后怎么还有脸混下去！"

因此，"都不戴头盔"也可以算是一种均衡。可是，这却绝不是一种好的均衡。然而，即使大家都愿意脱离这个均衡，却没有人愿意踏出勇敢的第一步。结果，在球员的矛盾心理下，这个不好的均衡就被维持下去。

也许是头破血流的人太多了，也许是刚好碰上有智慧者指引方向，最后由曲棍球联盟出面，规定自某月某日起，所有的球员都必须戴头盔上场。虽然球员们表面上都嘴硬，反对联盟的规定，但心里却是喜不自胜。从此，球员还是照样干架，但伤亡率却大大降低。因此，旧的均衡被打破，一个新的、较好的均衡于焉产生。

其实，"戴头盔打曲棍球"的例子俯拾可得：交通混乱是一种均衡，乱丢垃圾是一种均衡，没有公德心的种种行径是另外的均衡。这些均衡都是不好的均衡，我们都知道可以有而且应该有较好的均衡。可是，政府并不像曲棍球联盟那样强而有力，一盘散沙似的老百姓也不像球员一样，可以一个口令一个动作。因此，要打破这些不好的均衡并不容易！

虽然要打破这些规模庞杂的均衡不容易，但是，在我们自己的生活里，却还有各式各样不好的（小）均衡可以被打破，而且值得被打破。想一想，自己家里的冰箱里是不是已经有一些陈年古物，早就该被清理淘汰；自己衣橱里是不是有一些不可能再穿的衣服可以送人；桌架上是不是有一些很久很久以前就该看的书还尘封未动；自己待人接物上是不是也有些不甚了了的习性可以斟酌损益。这些不都是可以调整改善的均衡吗？

进步的种子

前一段时间被派出公差，去做一场专题演讲，对象是小学到高中的老师。演讲时我提到各地夜市的摊贩日入斗金,但都缴很少的营业税和所得税。原因是税捐单位要掌握他们的"实际营业额"很不容易。我用这个例子和一些类似的情况,来说明目前要以"实际交易价格"课征土地增值税是非常困难的事。

讲到一个段落后,我征询在座的老师有没有问题。有一位中年女士站起来表示意见。她说,在学校里教小朋友要守规矩、要诚实、要排队。可是,等这些孩子一大,接触到实际的社会、受到环境的污染,也开始不排队、不诚实、不循规蹈矩。站在老师的立场,她认为还是应该知其不可而为,尽可能地灌输小孩子正确的观念。她觉得不以实际价格课税好像是在鼓励大家做假撒谎一样。她希望知道我的看法。

我联想到一个最近看到的故事,《时代》周刊曾以专辑报道过美国的青少年帮派。在洛杉矶、芝加哥、纽约等大城市里,这些十来岁到二十几岁的年轻人各组帮派,然后画地自重彼此砍砍杀杀、鱼肉乡里。在街坊巷弄之间,几乎所有的青少年都属于某一个帮派角头,要不然别想离开家门。可是,一旦成了帮会的一分子,除非坐牢、从军,或举家他迁,否则根本脱不了身——想脱离帮会的家伙要经过一道极其残酷而且足以置人于死地的"仪式"!讲完故事,我说,在一个类似的环境里,你不应该"太好",事实上你也不可能太好,否则你连活下去都有问题!

那位女士没有再问下去,我也就继续我的演讲。可是,事后再想起这一段问答,我觉得自己当时讲得很不完整。

也许,当大环境里都是好勇斗狠、尔虞我诈时,一个人不太可能始终谦和有礼、里外如一。当大家都抢道争先、送礼关说的时候，一个人也不太可能完全循规蹈矩、一板一眼。当大环境不好的时候，如果一个人想从自己做起"放下屠刀、立地成佛"，不但可能马善被人骑、刚好成为冤大头，还可能成为众人的笑柄，甚至像想洗手不干的帮派分子一样地被教训修理。

也许，一旦落入这种不好的低度均衡，要挣脱确实不容易。但是，你我都知道，那种状态究竟是一种不好的状态。总该想想办法，借着某种方式，设法脱离那种低度均衡。那么，该从哪里着手呢？进步的种子又在哪里？

虽然一个人力单势薄，对大环境的改善不太可能有具体明显的贡献，但是，在小环境里，一个人却可以常常保持着一种"准备好"的心情：一旦哪一个人有善意的举止，即使是一点点，自己可以马上有善意的响应，好让这个善意的种子有存活、萌芽、生根、茁长的机会。而且，除了"准备好"以共襄善举之外，自己事实上还可以试着做那颗可能被践踏，但也可能被呵护的种子。当你偶尔伸出双手时，如果有另外一双温暖的双手来迎接，那么，不但这一个小小的环境已经变得好些，将来你更有继续伸出双手的信心和勇气。当你伸出温暖的双手时，如果碰上的是冷冷的空气和寒峻的目光，也没有关系，你心理上早已有准备。这次不成，等你储蓄好足够的热诚，可以再播种一次。

如果我再有机会和那位老师碰面，我会告诉她：在一个不令人满意的环境里，教你的学生要有适应环境的韧性，但也要有共襄善举的准备和主动播种的热情！

第九章　不完美的世界

虽然经济学者明明知道，在现实社会里人与人之间并不是自由和平等，但是，经济学者应该试着去说服其他人，即使在不自由和不平等的基础上，还是可以找到能让大家的福祉都增进的途径。

人真的生而平等吗？

"人，生而自由平等。"这几乎是现代民主国家所共同服膺的信念。但是，在现实的社会里，这是真的吗？

最近出公差，去改地方基层金融人员特考的试卷。连改几天，看了大约三百多份卷子。在红笔勾勾叉叉之间，心里不由得有些感触。

由这三百多份试卷里可以看出，有一些考生能真正掌握住题目的旨意。可是，却有相当一部分的考生只能说是硬拼凑出一些答案。虽然题目不难，却是答非所问。而且，这还不是最令人难过的。最使人心疼的是有少数考生花了很大的气力，把一些大概是"考试用书"之类里面的资料，完整、详细但原封不动地搬到答卷上。我可以明显地感觉出来，就算题目再简单明白一点，题目再灵活实用一些，还是有些人会答得荒腔走板、驴唇不对马嘴。你不得不承认，有些人的聪明才智就是差了一些。后天的努力当然有帮助，但有其限度。人，并不是生而平等。

这个冷酷的事实很难令人接受。在经济学的分析里，有一个很基本的前提，就是尊重消费者的主权。不论消费者的好恶是怎么形成的、有什么特性、品位取舍如何，经济学者不能也没有权利质疑这些好恶。经济学者只能把这些偏好当作既定的条件，然后在这个基础上分析消费者的行为。即使消费者的好恶取舍是受到他个人特质，包括他的聪明才智、成长经验、教育水平等的影响，但是，既然经济学对于消费者的好恶有完全的尊重，也就不便进一步地探索或质疑好恶形成的过程，或者好恶质量的高低。

可是，人的禀赋确实有高下的分别，后天的熏陶教育也确实有启迪造化的作用。经济学把人的好恶当作分析的起点，而不触及好恶背后的种种，是不是有点鸵鸟式的"断箭疗伤"？

如果不把人的好恶当作既定的条件，而要进一步地论断好恶的高下，那么，不可避免地会牵涉到价值上的判断。可是，听古典音乐颔首而笑的人是不是真的比随流行音乐而起舞的人有品位呢？在路边摊的小板凳上喝猪血汤的人是不是真的比不上在西餐厅里用刀叉吃牛排的人呢？有谁能以人为神地论断别人品位好恶的高下！作为社会科学之一的经济学，当然更不愿意妄自尊大、自以为是地加以臧否。所以，经济学宁愿画地自限地把人的好恶当作起点，然后把分析和论断好恶的责任推给哲学家、道德家、心理学家或宗教家。他们或许比经济学者更适合探讨和价值判断比较有关的课题。

从另外一个角度来看，经济学事实上也并没有完全自外于对价值判断的探讨。虽然要尊重消费者的主权，但是，好恶的质量和判断力的高下，都是可以锻炼培养的。小学毕业的人在推理和判断上，当然要比一个高中毕业生的推理和判断来得粗糙。专业的调酒师对酒类的鉴赏能力，也当然要比一般人精致得多。所以，在尊重消费者主权的前提下，经济学很强调对人力资本的重视：借着适当的方式，像学校教育和社会教育等等，可以设法提升消费者的判断力。然后，消费者有什么样的好恶，就有什么样的好恶！

人，生而不平等。但是，借着某些方式，可以使大家的智愚贤不肖和好尚取舍比较接近一些。问题的关键，或许就在于一个社会愿意采取哪些做法，让大家变得比较平等一些。

谁能定义"帕累托最优"

对于理想中的完美世界，也许文人墨客会以《兰亭集序》或《桃花源记》里所描述的作为指标。在经济学里，有一个类似的观念，叫作"帕累托最优"：当资源的分布达到帕累托最优时，如果对资源的流向做任何一点更动，一定会伤害众人中的某一人或某些人。所以，在帕累托最优里，人人各得其所，这是一种好得不能再好的状态！

帕累托最优这个观念看来完美无瑕，但稍加思索，就能体会其中的奥妙和曲折。由谁来判定某个资源分布的状态是不是达到帕累托最优呢？是由讲话的这个经济学者，还是由手里握有最后决定权的人，还是由社会大众？或者，换个角度看，帕累托最优是一种客观上存在的状态，还是一种主观上认定的情况？

对于这个问题，1986年得到诺贝尔经济学奖的布坎南教授曾经多次为文，向经济学者呼吁：价值是主观的，只有活生生、有血有肉的人才能有好恶；因此，只要相关的人是在平等和自由的基础上从事协商或交易，那么对这些人而言，最后的结果就是最优的境界——不管是任何结果。

这种观点一针见血地指出了问题的症结：包括经济学者在内，任何人都不能以人为神地宣称帕累托最优是什么，然后要求别人接受他的观点。除非其他的人经由他们自己的认知和判断，也同意这种观点，要不然这种观点只是提案人自己定义的最优而已。然而，布坎南的慧见却也隐含了一个很根本但很麻烦的难题：在现实社会里，人与人之间往往并不是处于自由和平等的地位，所以，类似于帕累托最优的境界并不可得；那么，怎么样才可以使协商或交易的结果比较好呢？

这个问题事实上也反映出布坎南和一般政治学者在基本信念上的差别。政治学者一向是从现实政治结构中的利益团体、权力分布出发，然后分析政治过程可能的走向。在政治学的探讨里，渺小的个人只有象征性的地位，重要的是那些握有资源、权力，能影响政策走向的意见领袖、利益团体、政党等等。相反地，布坎南对组成社会的个人赋予最基本也最重要的地位。即使人有智愚贤不肖的差别，即使人在财富、地位、权势上有高下之分，但是，在这种歧异之下，还是可以经由摸索、尝试、说服、协商，而试着找出众人好恶的交集，然后在这个交集里琢磨出和现状相比对众人来说都比较好的调整。经济学者的任务，就在于以专业的素养，提出可以改善的空间，然后让社会大众自己去选择。

就这层意义上来说，布坎南认为经济学不可避免地隐含着在道德价值上的取舍：虽然经济学者明明知道，在现实社会里人与人之间并不是自由和平等，但是，经济学者应该试着去说服其他人，即使在不自由和不平等的基础上，还是可以找到能让大家的福祉都增进的途径。而且，除了在目前的时空里寻求改善之外，经济学者还可以指引社会未来的走向。如果社会大众都认为在平等和自由的基础上交往是较好的，或许就可以借着某些措施，让社会大众在未来相处时，彼此之间能比较平等和较自由。但是，在这个观点上要务必小心。经济学者并不是呼吁当政者要采取某种"社会工程"或"社会规划"来改造社会，那就又犯了以人为神的老毛病。经济学者仍然只是以提案人的身份，指出某些可行的方向，接受与否还是由社会大众自己来作最后的取舍。

　　布坎南一生论著不辍，他曾以"经济学者该做什么？"为一本书的书名。另一位诺贝尔奖得主斯蒂格勒著作等身（斯氏身高接近一米九），其中一本著作名为《作为传教士的经济学者》。两位大师虽然学派不同，但显然都深知我们所身处的是个不完美的世界，而且也都对经济学者有相当的期许！

差别待遇的曲折

　　最近到英国去开会，坐的是荷兰皇家航空公司由台北直飞阿姆斯特丹的班机。整个行程有十多个小时，所以，在划位时我请荷航的服务人员帮我划一个前排的座位，这样子腿可以舒展一些。他很乐意地答应帮忙。上了飞机，发现座位就在机门旁边，另外一边是楼梯，是通往机舱上层的头等舱，而前面则是商务舱。

所以，我的座位刚好是在头等舱、商务舱和我坐的经济舱之间。台北到阿姆斯特丹的路途虽然长，但是一路上空中小姐招呼得很周到，所以并不觉得特别累。倒是在阿姆斯特丹下机时，发生了一点有趣的事。

飞机还没完全停稳，已经有一些经济舱后面的旅客走到机门旁准备下机。但是，两位空中小姐很有技巧地并排站在他们前面，好让头等舱和商务舱的旅客先下机。空中小姐后面是一对年轻的欧洲男女，牛仔装打扮。女孩子问男生为什么他不往前走，男生用嘴向楼梯上努了努，然后说："（等那些）有钱人！"站在周围听到的人都闻言而笑，空中小姐也勉强抑住脸上的笑容！

我离开荷航，要等着转机到伦敦。坐在宽敞的候机楼里，忍不住回想起刚才的那一幕……

一般大多数人不喜欢"有钱人"，尤其不喜欢在自己的生活经验里，直接看到有明显的差别待遇。可是，每一个人都知道，在超级市场里买洗发精或面纸时，不带香味、不重包装的"无印良品"价钱很便宜。但是，讲究的人可以付很高的价钱去买香味特殊、包装精致，但在本质上差不多的产品。所以，市场上有不同的产品，定价不同，大家各取所需，并没有什么不好。

不同的洗发精或面纸当然不成问题，比较麻烦的是有些商品不只是质地和价格上的差别，还带有浓厚的炫耀性色彩。驾驶数百万甚至上千万新台币的高级轿车，绝对不只是解决"行"的问题，品尝每人一万五千块的酒席也和"民生"问题没有直接的关系。这些极尽奢华的行为看在一般人眼里，多少会引起反感和排斥。不过，从另外一方面来看，如果一个人可以自由地纵情诗书琴画，从里面得到无与伦比的享受，为什么一个有钱人不可以在物质或其他方面为所欲为？买一只新台币一千万的手表又不犯法！

虽然这些作为不犯法，可是毕竟会对其他人造成影响。除了诱发别人"有为者亦若是"的情怀之外，可能还会使社会风气骄奢浮华，甚至引发怨怼不满，而且见诸行动。所以，是不是值得采取某些做法来抑制过分奢华的举止？

然而，这还不是最麻烦的部分。开国产车和奔驰车同行，也许心里不是滋味，但勉强还能接受。如果开国产车的不能和开奔驰车的同行，那又如何？譬如，既然时间对每个人而言价值不同，当彼此有冲突时，就让愿意付最高价钱的人来运用。因此，在尖峰时段，只让愿意付出高额税负的人把车开上街。这样既有税捐收入，又能抑制交通流量，不是两全其美吗？可是，从另外一个角度来看，如果每个人都有"行"的权利，那么，商贾巨富就该和小老百姓一样地被堵在车阵里。仔细斟酌，这两种情形哪种比较合理呢？或者，如果要取其折衷，又应该定位在哪里呢？最近新加坡政府设计两种不同颜色的车牌，其中一种较便宜的只能在某些时段进入市区。这些车牌的价格目前相差有限。但是，可以相差到什么程度呢？

除了这些明显的曲折之外，更微妙的是间接的、潜在的差别待遇：城市里的子弟在接受教育的环境里有比较丰富的资源，乡间郊区的子弟要相形见绌。结果，几年积累之后，有钱人的子弟能进好大学的机会事实上要超过比较没有钱人的子弟。再经过大学几年的熏陶，毕业之后一生的际遇都大受影响。可是，要调整和校正这种差别待遇，就要困难得多。

当那个牛仔装打扮的年轻人语带调侃地说"（等那些）有钱人"时，我在旁边也忍俊不禁。可是，当我在候机楼里联想到这许多时，我觉得自己当初真是笑得太天真了一些……

双重标准有什么不好

一般人提到"双重标准"时，都能意会到这隐含着负面的价值判断。可是，既然这种现象处处可见，显然，在某些情形下，或对某些人来说，双重标准可能有它的作用。

常常看到一些自诩有正义感的人，一方面讥评时局、臧否人物，但另一方面对身边不平不义的人和事，却反而视若无睹。这当然是双重标准。这种前后不一的举止固然令人失笑，可是仔细一想，行为上这么取舍却也合情合理。因为，主持正义是要付出成本的。因此，批评和自己距离遥远的人和事比较不会有反弹，所以比较安全、比较容易。相反地，在自己身处的小环境里伸张正义或论对是非会得罪人、会树敌，成本比较可观，当然最好能免则免。所以，某些时候的双重标准显然有助于安身立命。

这种双重标准可以说是人情之常，无可厚非。比较麻烦的双重标准是另外一种：如果能利用人情关系，得到和一般人不一样的待遇，当然要比面对晚娘面孔的"公事公办"来得好。而且，关说请托可大可小，可能只是为"办事顺利"，但也可能是可观的"利益输送"。无论如何，总是有人占了便宜、得到好处。因此，有了"关系"就可以享受双重标准下的特殊待遇。

既然双重标准让大家过得较自在，那么，双重标准有什么不好？

双重标准表示个人会容忍、默许或者是支持某种形式的"差别待遇"。如果自己是受到好的差别待遇，当然不会抱怨。可是，如果差别待遇是对别人好，而自己身受其害，那么，个人心里显然会有不同的感受。这只是双重标准的缺失之一。双重标准的最大问题是大家会花费心力去拉关系、套交情。平时下功夫，到时候才能派上用场。可是，当大部分的人都想受到特殊待遇的时候，问题就变复杂了。谁下的功夫多呢？谁的交情深呢？礼数该是多少呢？这些都要耗费"施"与"受"双方的心力、时间和其他的资源去摸索、去揣摩。如果只有一种标准，大家就都不需要去动用额外的资源，或许大家都能过得好些。

西方人对于中国人在美术、文学、建筑等方面的造诣往往钦佩不已，但却同时大惑不解：为什么这么勤奋、这么聪慧的一个民族，能创造出这么精致的文化，可是大部分的老百姓却这么穷。过去的租界造成了一些很特殊的现象：由租界里往外走，一到租界边上，房子突然都矮了一截。而且，大家都想往租界里搬，住在租界里的中国人也都比较有钱。这倒不是因为有钱才搬得进租界，而是租界里的环境让这些聪明勤奋的中国人更能发挥所长，为自己创造财富。

租界里的中国人不用去因缘请托，也没有"关系"，但是生意做得比较好。租界外的中国人攀附牵引，总能有些"关系"，但是反而比不上没有"关系"的同胞。这么看来，双重标准到底好还是不好呢？

人人都采取双重标准

大概每一个人都看过或遇过双重标准的事，不过大部分时候这是用来指责别人的不是，但却往往忽略了我们自己也常常是用某种形式的双重标准来应对取舍。

读幼儿园、小学时，会说老师或父母"偏心"，上初中、高中时会觉得男女有别而且男生占便宜，大学里会感受到理想和现实的冲突，踏进社会之后更会亲身体验到人情冷暖，这些都隐含某种意义的双重标准。

生活经验如此，在我们日常所用的文字和语言上当然也就有直接的反映。比方说"欺善怕恶""口蜜腹剑""严以责人、宽以待己""宁与路人、不与家奴""欺上压下""阳奉阴违"都是相关的形容词。

还有一些例子能把我们这个社会里无所不在的双重标准更具体地刻画出来。私人轿车里布置得舒适美观，可是开上马路就争先恐后、互不相让，偶尔还会摇下车窗，随手撒出一些烟蒂果皮。每一个人都把家里弄得干干净净，可是一到公园、戏院，就都像换了个人似的。到公家机关办事固然要请托关说，到私人商号买东西靠着"老主顾""熟面孔"也能得到些好处。其实，说穿了，"公德心"的问题就是因为大家对自己的行为采取双重标准。而强调五伦之外的"群己关系"，其实就是希望消弭待人处世上的双重标准。追根究底，可以说都是双重标准的问题！

　　双重标准的现象当然不是我们这个社会所特有。在美国，种族歧视的痕迹还是处处可见。在南非，废除隔离政策只不过是最近的事。而且，从另外一方面来看，双重标准的情形比我们更严重的例子也多得是。阻碍印度进步发展的，很可能就是我们觉得不可思议的"种姓制度"，而种姓制度本质上就是一种双重标准。可见，双重标准的现象古今中外都有，我们是比上不足，比下有余。

　　这当然是有点自我安慰的阿Q式想法，并不可取。可是，当我们仔细去探究双重标准这个现象的时候，我们的目标是什么？是揭露双重标准的缺失？还是找出形成双重标准的原因？或是想出消弭双重标准的做法？还是其他？

　　小学三年级的月考有一题是"一斤有几两"，全班都答对了，可是有一个小朋友答"有时候是十四两，有时候是十六两"。老师问他为什么。他说爸爸告诉他去买东西的时候一斤是十六两，自己卖东西的时候一斤是十四两。老师又问他爸爸是做什么的，小朋友说："我爸爸在市场门口卖水果。"

双重标准的解决之法

　　如果文化上的问题容易解决的话，历史上就不会一再有不同的社会被夷灭或淘汰，世界上也不会有那么多的国家还因为文化上的包袱而逡巡不前。

为了避免中小学校长任用私人，所以订定一套教师甄选办法。这个制度当然有助于减少甄选双方采取双重标准的机会。但是，制度有其局限。我们有的是各种法令来防范和惩治行政上徇私得利，但是，各种形式、大大小小的利益输送依然举目皆是。

所以，"制度""法令""规章"只能在某些时空下解决一部分双重标准的问题。而且，这些制度、法令、规章的订定和执行都要动用可观的人力物力。交通秩序乱成一团、公共场所脏成一片，当然可以采用重罚来整饬。可是，那是可长可久的根治之道吗？更进一步地想，对于已经发生或已经存在的问题可能还容易想出因应之道，可是对于那些正在形成和将要发生的问题，以法令规章来因应显然不一定是上策。建垃圾场和开辟道路是两个好例子。大家都赞成这么做，可是却都（誓死）反对自己的利益受到波及。在这些情形里，单靠法令和规章显然不一定能解决问题。

文化问题的根源追根究底往往还是在"人"。长远地来看，我们社会里双重标准的问题还是要从"人"下手才能有根本的改善。如果在家庭教育、特别是学校教育里，从小让孩子有共处共事的经验，在彼此平等的基础上学着共同完成课业，共同经历起伏，共同承担后果，那么，小孩子自然培养出在"平等"的基础上和别人共事的习惯和能力。学习的过程不再是灌输式的言教，小孩子也比较不会再因为耳濡目染而培养出对尊卑从属关系的敬畏和尊奉，也就比较不会在长大后再落入双重标准的行为窠臼。在这一点上，市场里不依尊卑从属、在平等的基础上交易，但却能皆大欢喜的特性，实在有很深刻的含义。

文化是长时间沉淀累积的结果，文化上的问题当然也是如此。要谋求改善,自然要有长远的眼光。小孩子长大之后会受到环境的污染,但是如果从小就习惯于和别人平等相处,共同解决纷争,长大以后自然比他们的父执辈更能和平共存,行为上会有更多的单一标准,更少的双重标准。而他们的子弟也会比他们更好。这就像在脏水池(或酱缸)里不断地注入比较干净的水,池水会慢慢地变清——只要没有更脏的东西不断地被丢进池里。

双重标准是缺憾,但很难说是错误,更不能说是罪恶。双重标准使有些人在有些时候占到便宜。但是,当大家的行为都是双重标准时,大家的福祉都受到损害。双重标准反映人性,但也不是改变不了。当双重标准的程度降低时,或许每一个人都可以过得更好一些。

第十章　如何决定众人之事

在讨论公共事务时，一般人往往以"社会公义""大众福祉"这些堂皇的目标来论对是非、主张兴革。可是，由谁来界定什么是"社会公义"，什么是"大众福祉"呢？由学者专家还是由政府官员？如果讨论双方彼此所界定的"公义""福祉"不一样或有先后之分，怎么办？

不简单的财政学

　　从回母校教书开始,虽然在研究所教的课变了好几次,但在大学部一直教一门"财政学"。五年来,也一而再、再而三地静静地陪着、看着每一班修课的同学(几乎是无分轩轾)的转变。

　　上学期刚开始,谈到一些"公平"的观念。同学个个踌躇满志,对于我提的问题不但有问必答,而且讲得长篇大论、头头是道。对于我写的讲义也多有微词:不合逻辑、无理之外也无情。课程讨论的内容愈来愈多,是非黑白之间的界限也愈来愈模糊。讲到"政治过程里可以鼓励选票交换,以求更精致地反映选民的偏好"这个观点时,好像吓住了一些人。问同学有没有意见,有人简短地说了一句:"老师,我很惊讶!"

　　学期快结束时谈到"市场活动"和"政治过程"的差别。在市场里你可以取其精华地买大同彩视、国际箱型冷气、索尼随身听、山水音响。在政治过程里,你投票选出的市长既管治安,也管交通,既管教育,又管环保,所以投票时你"买"的,可能是一团粗糙无比的"东西"。同学发表意见的音量好像小了一些,也不再是那么截然划分、铁口直断。我还注意到,在指头间旋转的笔少了几支,好像有一些人开始在认真地记笔记了。

下学期开始,有同学提到利用寒假的时间看了几篇相关的论文。他觉得很有趣,希望我能再提供一些论文数据作参考。上课时的讨论已经比较能集中焦点。挑战老师权威的词句几乎消失无踪。

最近一次上课讨论"成本—效益分析"。我说这只是在做决定之前搜集资料、分析得失的一种做法。成本—效益分析并不意味着我们能知道"答案"是什么,只不过是在提供更多的信息而已。而且,即使我们解决了"衡量成本"和"衡量效益"的各种困难,(让学童过马路少伤亡一次值多少钱?让消防队员少受伤一次值多少钱?)还有很多其他的问题要斟酌。

譬如说,如果市政府有一笔经费,要在市区里建设一些小型小区内的公园游乐场。为了减轻市府财政压力并且能多设几个,所以要求各小区负担一半的配合款。配合款愈多,市府补助款也愈多。结果,高所得的小区马上能凑出款项。低所得的小区正常生活都很勉强,哪里有闲钱。可是,高所得的子弟家里玩的东西多得很,又可以上各种才艺班。低所得的子弟一无所有,他们才最需要这些"白吃的午餐"。如果你是市长,你会怎么取舍?如果你是民意代表,你又会如何取舍?另一个例子,如果政府现在要设一个公营事业单位,能提供一两千个工作机会,那么,这个单位要设在交通便捷、人文荟萃的地方,还是要设在失业率高、公共设施匮乏的区域?

讲完这两个例子,同学一片沉默,有几位的眼里还露出一丝茫然。我心里想,整个课程已经过了将近四分之三,还有不到两个月的时间。希望到学期结束时,他们又能恢复到上学期课程刚开始时的自信和明亮……

好坏之间

　　前两天在上研究所的课时,讨论到一个初看之下简单但其实很恼人的问题:在评估公共事务时,衡量好坏的尺度是什么?

　　我先表明我的立场,然后接受研究生们的质疑。我的看法是:判断众人之事是好是坏的唯一准则是"共识"——只要大家都说好,就是好。

　　首先发难的同学问得很有趣:"如果在一个团体里,大家都说要去抢银行,只有一个人独排众议。那么,难道多数人所认定的就是好的吗?"

　　"既然有一个人反对,所以抢银行不是共识,并不符合刚才说的条件!"

　　接口的同学所提的问题要尖锐一些:"如果大家都觉得抢银行是好事,难道抢银行真的就是好事吗?"

　　"记得,好坏是指对这个团体里的人而言。如果他们自己觉得好,别人有什么置喙的条件?如果其他人觉得不好,显然在是非取舍上已经不太一样。因此,除非他们被说服,要不然对他们自己而言,抢银行就是一件好事。"

　　"可是,如果他们真的去抢银行,一定会难逃法网。"

　　"不错。不过,判断好坏的尺度是现在这个时点,而不是未来。现在认为好的事，将来不一定会有同样的看法。可是，这并不否定当时的判断。"

"可是，即使这一小群人觉得抢银行是好事，其他的人当然不会苟同！"

"确实如此，这事实上正反映出评估好坏的重点所在：好坏是由相关的人所达成的共识来决定。所以，对这一小群人来说抢银行可能是好的。可是，当我们把范围放大，注意更多的人时，对这个较大的团体而言，抢银行就不见得是好的。"

"难道没有一个客观的尺度能衡量公共事务的良否吗？"

"追根究底，公共事务就是'人'的事。既然只有人具有感受喜怒哀乐的能力，在评断是非和善恶时也只能诉诸人的判断力。这一方面反映出人的脆弱性——没有超越人之上，更高的绝对价值可以凭依，人只能靠自己的经验智慧来判断取舍；另一方面，这也反映出对人的信心和期许——通过学习、尝试、犯错、历练，人可以培养出一种评估斟酌的能力。虽然解决众人之事要远比处理一个人的事复杂得多，可是，经由协商、沟通，众人还是可以琢磨出大家都可以接受的交集！"

"可是，交集不一定存在。譬如，对于到底要不要盖核四厂（编者注：全称为'第四核能发电厂'，是一座位于台湾新北市贡寮区的核能发电厂，由台湾电力公司所经营），似乎总是有正反两面、互不相让的意见！"

"的确，在个别事件上，很可能会有针锋相对的立场。这时候就值得从这件事的本身抽离出来，而在一个更高的层次上寻求交集。譬如，赞成和反对盖核能厂的人在相持不下时，也许都同意采取某种规则来解决彼此的歧异。而且，都愿意接受最后的结果。因此，可能是组成一个双方都认可的委员会来评估，可能是交由公民投票或其他方式来决定。无论如何，总可以试着在解决纷争的方式上寻找共识。"

"可是，即使接受这种观点，到底哪些人是所谓'和问题相关的人'呢？"

"如果对于这个问题有一个客观的标准答案，那么，好坏高下的问题也应该有类似的、客观的标准答案。可是，我们并没有那么幸运，人必须自求多福，通过沟通讨论协商妥协，由众人自己来决定哪些是相关的人！"

看着他们一脸困惑的表情，我不知道他们会不会有"这种教法不好"的共识。如果是这样，我又要通过什么方式来说服他们……

核电之殇

有人说，上苍造人是为了让人承受永无止尽的折磨和考验，以惩罚人的罪孽。可是，真是这样子的吗？

当1986年苏联境内的切尔诺贝利核能厂发生意外事件时，因为处理不当，没有紧急疏散，所以，外泄的辐射尘造成了严重的伤害。根据官方的统计，到目前为止已经有八千人死于辐射尘所引发的病症。而且，目前还有许多肢体残障的婴儿陆续诞生。（编者注：事故导致32人当场死亡，数万人由于放射性物质的长期影响而致命或患上重病。)

《时代》周刊曾刊登过一张照片,里面就是三位"切尔诺贝利儿童"。站在中间的小男孩叫英格,眉清目秀,非常可爱。但是,他只有一只手臂,而且下肢变形。两个脚掌像企鹅一样直接连结在腹腔下。英格现在住在一个专门收容切尔诺贝利病变儿的育幼院,他也从来没有看见过他的母亲。除了肢体上的残障之外,他智力正常。但是,即使他能照顾自己的起居,他也没有什么未来可言,因为绝大部分的切尔诺贝利儿童都活不过十岁!

英格和其他孩子们的际遇真是令人同情。他们是完全的无辜,但却要承担别人过失的恶果。但是,在放下那张令人心疼的照片之后,我们依然要面对冷冰冰的现实问题:到底还要不要核能厂?

冷静地想一想,虽然切尔诺贝利事件所造成的伤害非常严重,可是,就是因为核能厂可能会造成无可弥补的伤害,(谁能补缀残缺的生命?)所以就放弃核能发电,对吗?

坐飞机当然也可能出事。尤其是遇上气流不稳,在半空中振荡得不上不下的那种感觉,真不舒服。可是,大部分的人并不会因此而不坐飞机。而且,在地面上开车坐车的危险事实上比坐飞机还高。每年因为车祸而丧生的人数,要远超出切尔诺贝利事件的死亡人数。但是,并没有人因此而拒绝开车或坐车。所以,核能发电"危险"并且可能造成"严重损失",并不是决定要不要放弃核能发电的唯一因素,也不应该是主要的考虑。

关于核能发电最根本的问题是:我们要不要用电?如果答案是"要",那么接着要问的问题是:对一个社会而言,哪一种(或哪几种）发电的方式是最好的？"最好的"当然是一个很概括的说法，这可以表示最便宜、最干净、最安全、最能带动相关产业等等，或者是，"最好的"是指这些不同指标的某种综合。由这种角度做一般性的考虑，就比只针对核能发电来判断要周到得多。核能发电是好是坏，只有和其他发电方式比较才有意义！

这些观念层次的考虑还只是"核能发电"问题的一部分而已。更重要的是另一部分——通过什么样的方式来决定什么是最好的发电方式？既然专家们对某些问题的判断也有出入，（未来二十年里发生严重地震和海啸的概率有多少？未来二十年发生战争的概率又有多少？）因此，"什么是最好的发电方式"这个问题并没有标准答案，而必须借着某种方式来选择那个答案，公民表决、议会决定、特别委员会决定、英明领袖裁示都是可能的方式。那么，哪一种决策方式最好呢？或者，以哪一种方式做决定犯错误的机会比较少呢？对这个问题而言，就像"什么是最好的发电方式"没有标准答案一样，"什么是最好的决策方式"也没有标准答案。只能试着去选一种比较好的决策方式。但是，怎么选比较好的决策方式呢？

生命不一定是永恒的折磨，但是，生命确实是一连串无穷尽的判断和选择。如果判断和选择的质量不佳，那么，人的所作所为当然可能会造成令自己和令别人都扼腕叹息的结果。

由个人主义出发

诺贝尔经济学奖得主布坎南教授曾到加州大学洛杉矶分校客座讲学。当年学校正为了研究经费和州议会争论不休,校方要求州议会大幅度增加对研究工作的补助。州议会希望校方能明确列出将如何运用这些经费,将从事哪些研究等等。校方认为这种要求是明显的干预学术发展,侵犯到大学校园独立超然的学术地位,因此拒绝配合。双方各说各话,互不相让。

布坎南身为客卿,不便表示意见。但是,他觉得很惊愕,不知道为什么会有这样的争议。他从个人主义的角度反问自己:如果自己是加州公民,要按时向州政府纳税,州政府用这些税来提供治安、交通、社会福利等服务,也用来支持高等教育;对于州政府在交通、治安这些项目上的支出,州议会要质询、监督,同样地,既然这些研究补助是由纳税人负担,站在纳税义务人的立场,会不会希望州议会也能发挥同样的监督质询功能呢?想一想,州政府在其他方面可能会浪费经费,难道州立大学里的行政人员和教授们就一定不会有这种现象吗?要校方提供数据并不(必然)意味着是对学术独立的干预,只是希望稍稍了解老百姓缴的(血汗)钱是怎么样被用掉的。

布坎南想的虽然是研究经费的问题,但其实他另有所指,而且寓意深远。

在讨论公共事务时,一般人(包括很多学者)往往动辄以"社会公义""大众福祉"这些堂皇的目标来论对是非、主张兴革。可是,由谁来界定什么是"社会公义",什么是"大众福祉"呢?

由学者专家还是由政府官员？如果讨论双方彼此所界定的"公义""福祉"不一样或有先后之分，怎么办？布坎南则是自始至终主张要从另外一个角度来分析公共事务。他会（自）问："我和别人一样，都是社会的一分子。这件事对我自己的影响是什么？如果要付出、要牺牲的话，我自己愿意付出多少、愿意牺牲多少？"经由这种思考方式推论出的结果，往往比较平实可行。由"社会公义""大众福祉"所归纳出的常常只是想当然耳、一厢情愿的想法。因此，讨论公共事务时，最好从公众的基本单位（也就是个人）出发，而不要在虚幻缥缈的社会公义或大众福祉上漫谈。

著名的斯坦福大学1992年爆发弊案：校方把联邦政府补助的研究经费挪为私用，而且有虚报账目的情事，最后校长辞职下台。布坎南多年前思索担心的事不幸成真。对于斯坦福大学的风波，也许他有一丝先见之明的欣慰。但是，更多的该是对（脆弱）人性的感伤吧！

企业也能用脚投票吗？

经济学家在讨论问题时常用到"以钱投票"和"以脚投票"这两个名词。前者是指在市场里消费者会以他们口袋里的钞票来表达偏好。后者则是指居民会以具体的迁徙行为来表示他们对地方政府的好恶。两个名词都生动而且深刻地反映了对消费者主权的尊重——消费者能自由地、不受干扰地选他们自己最喜欢的东西买，选他们最喜欢的地方住。

但是，对消费者主权的保障是绝对的吗？有没有什么限度呢？如果"以脚投票"指的是移民他国或是把企业移往海外，一个人或是一个企业是不是还能从心所欲呢？还是必须从心所欲"而不逾矩"？如果是的话，"矩"又是什么呢？

个人移民的问题比较简单。因为个人对社会的影响有限，一（小）部分人基于各种理由迁离这个社会，不至于对社会上其他的人造成太大的影响，所以没有必要加以限制。厂商或企业外移的问题比较复杂，但也不是无迹可循。每一个人都可以先自问，如果别人的企业要外移，我自己会怎么想？然后，将心比心，再问，如果自己的企业面临同样的问题，自己的态度又是什么？

一个企业的生存，除了经营者本身财力智慧的投入之外，当然还需要有环境的配合，而一个良好的环境是由社会大众所共同维系的。如果我是警察，我对治安的投入使企业能安心生产。如果我是老师，我为企业培育出训练有素的员工。而且，我还是个消费者，我的消费使企业有利可图，能生存发展。一旦企业外移，不但可能使失业率上升，也可能引发社会问题，我也（间接地）蒙受其害。因此，站在一个旁观者的立场，我当然不希望看到企业往外移，产业变得空洞。

但是，从另一个角度来看，如果我所拥有的企业在国内要面对工资上升、治安恶化、劳资对立等问题，如果别的地方生产条件更好，为什么我不能或是不该把企业移走。即使我和这个社会基于共同的历史文化经验，在情感上有不可割舍的牵系，可是，现实因素的考虑要大过空虚的"社会责任"。因此，为了生存发展或追求利润，我当然该有所取舍。

这么看来，立场不同时会有不同的斟酌，并没有一以贯之的通则。因此，比较好、比较可行的做法或许是一种折衷：基本上，企业是由人所组成；既然单独的个人可以自由进出，企业也有权移往任何的地方；但是，为了减少对社会上其他人的冲击，外移的速度可以减缓，好让其他的人有调节适应的机会。"局部"而后"逐步"地开放对外投资是合情理的做法。当然，开放的速度该有多快、范围又有多大，显然就不只是一个经济问题，而且是一个"政治艺术"的问题……

"人生而自由"这句话显然并不很真切，因为人出生时已经受到生理遗传和文化背景的束缚而有其限制。但是，人之可贵是在于人能通过和其他人的协议而扩充自己和他人的自由！

不只是浇花的问题

如果你提一桶水去浇花，而且要走一段路，可是，这个桶是漏的，会边走边漏，请问你，经过沿路的折腾，最后桶里的水剩下多少，你会觉得这么做还是值得的？百分之八十的水？当然值得。百分之六十呢？也许。百分之四十、百分之二十、百分之十、百分之五呢？

美国农业政策里有很多补贴措施，由其中对蔗农的补贴政策上很能一针见血地反映出这些补贴措施的特性：美国人口有两亿五千万人，每年要负担三十亿美元在补贴蔗糖上。而全美国境内生产蔗糖的农民只有一万人左右，只占总人口的万分之一不到。每个蔗农平均每年得到二十六万美元的补贴。但是，总额虽大，平均分担在全美国的一般家庭上，每一个家庭一年不过多花五十美元。所以，并不会有切肤之痛的感觉。

如果一般人多花点钱而能让蔗农"普遍地"过得好些，或许值得。然而，实际情形并非如此。美国蔗农主要集中在夏威夷州和佛罗里达州。在夏威夷州，最大的五个蔗农的产量加在一起，就占该州总产量的百分之九十五。在佛罗里达州，三个最大的蔗农就生产该州百分之五十以上的蔗糖。补贴蔗糖的大笔花费事实上最后只集中在很少数的大蔗农身上。对蔗糖补贴的目的在于改善蔗农生活，但是实际结果显然和漂亮的口号大相径庭。

这样的补贴政策很明显是受到利益团体所操纵，是"不好的"政策。但是，为什么这种不好的政策还能行之有年、依然故我呢？

也许，一般民众并不见得知道事情的曲折原委。在蔗农团体和民意代表、行政官僚的合纵连横之下，补贴措施被装饰成各式各样的法令规章。实质的补贴一旦被埋在复杂繁琐的条文里，一般人当然没有兴趣，也不可能搞清楚实际情况到底是怎么回事。

民众因为缺乏信息、不明就里而受人宰割当然情有可原。可是，事实上已经有很多的研究报告出炉，详细列举蔗糖补贴政策的无稽，媒体也多有报道。所以，民众并不是被蒙在鼓里。但是，即使知道实情，对个别的民众而言，为了每年区区的五十块钱，值得螳臂当车地去鼓吹改革吗？

与一盘散沙般的民众刚好相反，蔗农人数少、利益集中、目标明确。在选举的时候，蔗农团体可以数以百万美元计地捐钱支持特定的候选人。在形成政策的时候，也有财力雇请公关公司关说游走、紧迫盯人。这和无可无不可的民众相比，相去何止千万里？蔗农能够以少胜多，补贴政策能够绵延久远，真是有以致之。

　　这种情况当然令人难过。可是，平心静气地想想，这一切都是合情合理合法的。对一般民众而言，因为受到的影响有限，所以自然事不关己地无动于衷。蔗农团体因为利之所在，在法令所允许的尺度里，利用民主政治运作的特性来"损人利己"，其实也是很正常的。

　　这么看来，现状是不是没有改善的可能呢？也不尽然，希望总是存在的。（改革当然不容易，如果改革容易的话，蔗农也不会有今天这种予取予求的地位！）但是，补贴蔗农这件事最大的启示也许在于：当你心地善良地要提水去浇花时，最好先弄清楚水桶漏不漏、漏得情形有多严重。免得徒劳无功，白费气力。

　　还有，发现桶漏可以随手放下，就此打住。（原意良善的）公共政策一旦形成，问题浮现之后要再取消，恐怕就不是那么容易的了。

第十一章　政府该管多少的事

"政府该管多少的事"并没有截然划分的界限。在某些情形下，我们事实上希望政府管的事愈多愈好。在某些方面，现代人比以前更能掌握自己的命运，所以也许希望自己有更多的自由，希望政府干涉得愈少愈好。更深一层的问题是：政府在试图解决问题的过程里会不会制造出新的问题？

最后的一堂课

这学期我在研究所教一门"公共经济学",主要的教材是一些单独成篇的论文,每篇论文都是用数学模型来讨论经济现象。最后两个小时我改变方式,以一位著名经济学者的一篇演讲为主,采用叙述的方式探讨政府(在经济方面)的功能。

在列举和阐释关于"政府在经济方面到底应该负起哪些责任"的主要论点之后,我问在座的研究生意见如何。几位研究生表示意见之后,突然有一位用很肯定而且稍带嘲讽的语气说:"我认为政府管的事愈少愈好!"

我想了一下,然后慢慢地讲出我的看法。

和绝大部分的事情一样,"政府该管多少的事"并没有截然划分的界限。以极端的情形为例,在战争的时候一切以生存和胜利为目标,所以,政府要掌握所有的资源、要有绝对的权力。即使政府控制了所有的生产和分配,一般民众也都能共体时艰、共渡难关。因此,在某些情形下,我们事实上希望政府管的事愈多愈好。

战时是特例,平时当然不同。可是,是不是在平时政府就应该"管得愈少愈好"？在某些方面，现代人比以前更能掌握自己的命运，所以也许希望自己有更多的自由，希望政府干涉得愈少愈好，像教育的方式、内容、长短，像信息的接触、裁取、运用等等，可能都是如此。但是，在其他方面，就是因为现代科技进展使专业化分工愈来愈精致，结果个人更不容易凭借一己的判断来保护自己。譬如汽车设计上的安全考虑，食品、医药的成分等等，都需要有某种形式的管制。在这些方面，一般民众很可能会希望政府多做些事。因此，在一般的情形下是不是"政府管的事愈少愈好"，并不是那么清楚。

更进一步想，即使我们都接受"政府管的事愈少愈好"的这个观点，那种"理想状态"和现状相比显然有相当的距离。在我们这个社会里，政府不但管公立学校，也管私立学校；不但管教材内容，还管服饰仪容；不但管白天里大大小小的事，晚上还管你凌晨三点以后有没有地方去。这么看来，政府确实管得太多，应该改进，应该少管点事。但是，接下来的问题是我们要怎么样由"政府管得很多"过渡到"政府管得很少"的那个境地呢？既然任何调整都会影响到权益的分配和归属，那么，哪些是大家能接受而可行的调整途径呢？

原来那位研究生大概没有想到，他短短的一句话会引发我这一长串联想，所以静静地坐在那里。我又问旁边的同学有没有意见。他说，老师最先讲的那位经济学者的演讲，事实上和原来他自己的认知没有太大的差别，所以收获不是那么大；但是，老师最后对同学意见的回答很有启发性。

别的研究生听了他这段小小的恭维，轻轻地笑出声来。我稍微有点得意，但又有点疑惑。不知道这到底是我的意见真的很好，还是我没把那位经济学者的演讲阐释得宜……

政府是万灵丹吗？

在一个宁静的小镇（也许是二三十年前的鹿港）旁搬来一家砖厂，烧砖的煤烟随风飘散。小镇居民晒衣架上的衣服有时会沾上一抹黑黑的细粉。如果情形不严重，镇民大概只会在拍打衣服时诅咒两句。如果情形严重，也许有人会采取行动，到砖厂去理论一番。可是，我一个人去要付出时间气力，砖厂不见得会听。如果砖厂果真会从善如流，那么，为什么不等隔壁的老王去找砖厂理论，而我坐享其成？

人同此心的结果是三个和尚没水喝。在这种情形下，如果有政府（镇公所）存在，就可以由政府直接管制砖厂，一举解决了没有人愿意当冤大头、自己挥汗种树而别人坐享荫凉的困局。可是，政府该怎么管制砖厂才好呢？是设立煤烟排放的标准，还是向砖厂课税，或是其他？如果要设定标准，排放标准是什么？如果要课税，要课多少的税？更深一层的问题是，政府介入就能把问题解决了吗？政府在试图解决问题的过程里会不会制造出新的问题？

由另外两个例子可以更具体地看出问题的症结。先谈药品管制，以前看病拿药都是到镇上老字号的药房或郎中那里去。可是，随着时代的进步，有很多新的药品出现。大量生产使得药品影响的范围远超出以往。科技发展也让一般人无从判断药品的性质。因此,为了保护民众,新的药品要经过政府的检验,合格之后才能上市。然而,这种为了减轻民众负担(因为用药不当而病情加剧或死亡)所采取的措施,也同时使社会付出了新的成本。对病患而言,因为检验管制的结果,可能无法及时买得到药。或者明明有,却不能买卖。有些在试验阶段的药在美国不能上市,但在其他国家早已广泛使用,救人无数。所以,在保护个人的同时,这些政府的措施也限制了个人的行为,产生了新的成本。对制药者而言,可能费时数载研究出新的药物,到最后却通不过检验。因此,制药者的损失更是另一种成本。此外,因为担心这种结果,所以比较没有人愿意从事新药品的研究开发,这也是政府管制社会所付出的成本。

政府对车辆的管制是另外一个例子。因为要保护驾驶人和乘客的安全,所以政府对车体构造、材料、安全装置有各种规定。这种措施减少了发生车祸时的伤亡,也就是减少了个人可能要负担的成本。但是,如果因为有了这些安全设备,驾驶人有恃无恐,开车时注意力降低,肇事率可能反而增加。因此,管制也产生了新的成本。对车速的限制也是如此,限定车速降低车祸发生的机会,减少个人和社会所付出的成本,但同时也限制了个人选择的权利。对个人自由的侵犯可以看成是另外一种形式的成本。

除了政府管制措施所造成的问题之外,以政府来解决问题的过程本身所隐含的缺失更是不容忽视。先谈政治过程里投票的问题。无论是一般性的选举或是公民投票,有多少选民愿意去花一点时间了解候选人或是去研究议题?既然最后的结果是由自己那一票来决定的机会是微乎其微,为什么要自寻烦恼地去搜集信息,随着时尚流行投票不是更好?因此,选民所做选择的质量值得怀疑。其次,还考虑政府官员本身的取舍。既然我希望自己的收入愈多愈好,自己住的房子愈大愈好,难道政府官员不是人吗?政府官员难道不会追求更璀璨的事业、更慑人的影响力?如果当政者都是全心为民、公而无私,那么我们为什么不选出一批官员让他们成为终身职、无须定期改选?因此,官僚会有本身利害的考虑,而受到官僚本身利害关系考虑的影响,决策的质量当然也有可议之处。

既然政府希望减少社会成本的措施,却产生了新的社会成本,既然民主政治的投票不完美,政府官员的决策有瑕疵,是不是我们就不要民主、不要政府?当然不是!承认问题的存在才能面对问题,了解问题的根源才能解决问题。英国首相丘吉尔曾说:"民主政治是最坏的一种政府形式——除了另外那些历史上出现过的之外。"

(取材自塔洛克教授所撰《减少社会成本的政策所隐含的社会成本》)

权利的前提

前些日子曾参加一个学术研讨会,讨论的论文之一和"福利国家"有关。自由发言时,有一位民意代表举手发言。他认为现代民主国家里,政府"应该"负起责任提供福利性措施,个人"应该"享受社会福利性措施的保障。

论文作者在回答时，对论文内容做了一些补充，但并没有针对民意代表的意见有所回应。"人权"虽然不是我的研究范围，但民意代表的看法很有趣，我禁不住产生一些联想。

"政府应该提供福利性措施"隐含的是一种个人享有天然权利——天赋人权——的概念。这种看法的合宜与否可以从很多角度来评估。以我比较熟悉的"保险制度"在历史上的发展为例，就可以咀嚼一下在不同的保险制度下，一个人所拥有的权利有多少。

在农业社会里，大家庭聚集而居，成员之间彼此扶持，等于是一个小的保险体系。可是，家庭宗族之内的保险意味着每一个人在健康正常的情形下，都参与劳动生产，也提供对其他家庭成员的援助。因此，在患难和需要时也就可以得到别人的付出。年轻力壮而不事生产的人事实上不会得到其他人的照拂。这表示一个人的"权利"是根源于他（她）本身的付出。

工商业社会里有各式各样的"商业性保险"。这些商业性保险在"支付"和"理赔"之间的关系更明确：除非投保人按时依条款付保险费，要不然出意外时会得不到理赔。就像市场里其他的商品一样，一个人享受保险这种商品的"权利"也是来自于他本身的付出——权利并不是与生俱来的。

现代工商业社会里的各种经济活动因为能比较不受风雨虫灾的影响，而让社会成员的所得比较稳定。所以，市场机能本身就具有保险的功能。可是，市场机能所具有的保险功能，在性质上和农业社会家族内保险以及工商业社会的商业性保险都不太一样。个人对市场活动直接、间接的参与就是在支付保费。"理赔"则是市场里存在的千百个工作机会。提供理赔的并不是家庭里的其他成员，也不是保险公司，而是抽象的市场机能。但是，尽管这种保险的性质很特殊，一个人受保障的权利还是来自于他的付出。那么，没有参与市场活动的成员是不是该享有其他形式（如社会保险）的保障？

这个问题可以从几方面来考虑。首先，属于弱势群体的分子虽然不一定参与生产，但一定参与消费，这也就间接地促进了市场机能的活络。因此，也就应该得到特别的照顾。这种论点确有可取之处。但是，以这些社会成员的"付出"和他们由一般的社会福利措施所得到的"理赔"相比，显然不成比例。所以，这似乎并不是很有说服力的解释。

其次，由一个较高的层次来考虑，或许能对社会福利措施的存在有比较令人满意的说辞。由旁观者的角度来看，组合、运用、分配资源的方式有很多种，市场机能只是其中的一种方式而已。既然市场机能的性质特殊，所以社会成员等于是以共同默许的约定选择这种方式为主来运用资源。但是，社会成员也同时意识到这种运用资源的方式有其限制。因此，或许都愿意采取一些辅助性的安排以校其弊。在这种观点下，一个人的"权利"确是来自于他是社会成员一分子的这种身份。然而，这种权利并不是天生的，而是基于社会大多数成员所"共同接受"的前提才存在的。换句话说，一个人是不是拥有某种权利还是要由社会成员所共同认定。除非绝大多数的社会成员都支持或默许，否则这个社会的法律规定或风俗习惯不会赋予一个人某些权利。

不过，虽然这些概念对我来说都很简单清楚，为什么我的想法会和民意代表的看法差那么多呢？如果他代表的真是众多的民意，或许我应该修正自己的想法。可是，他是不是真的代表民意呢？

被课税的烟斗

早上上课的时候讨论到公共政策的良窳。我告诉班上的同学，好坏是相对的。不过，即使我们都同意什么是"好的政策"，各位可以仔细地想想，怎么样才能让好的政策成为具体的事实？

上完课，我坐车到离学校不远的邮局去领一个国际包裹。通知单上注明我要缴新台币一千零八十八元的税。我猜包裹里是前一段时间我向美国订的一批烟斗，不过也不能确定。

到了邮局，把单子拿给柜台的先生。他查了一下档案，把数据找出来。我一看包裹内容，果然是那批烟斗。总价七千零壹拾柒，课百分之十的货物税再加上百分之五的加值税，刚好是一千零八十八。

我问柜台的先生，我经常向国外订一些书籍之类的私人用品，也订过烟斗，为什么过去都没有课税，这次却要缴这么多的税？他很和善地说，他是邮局的人员，只负责代收税款和发放物件，如果我对税的部分有疑义，可以直接问海关的人员。他告诉我在另一个柜台可以找到他们。

难得碰上和气的邮局职员，我也就心平气和地到另外那个柜台。我问海关这位股长，这些烟斗都是我私人用品，没有商业行为，而且过去都没有税的问题，为什么这次要课税？这位中年股长笑笑地对我说，凡是价值在六千元以下的货品、馈赠等都是免税，超过六千块的才要课税。我问他，如果我不收这个包裹，退回去分成两包再寄，价值都低于六千元，是不是就免税了。他点头称是。

我稍微算了一下退回去再寄的两趟运费。虽然可以省下几百块钱，可是这一来一往麻烦得很。而且，连续碰上两位态度温文有礼的公务员，真是"难得的不得了"，还是缴税了事好了。

缴了税，领了一小箱烟斗，走在人行道上。在摩登艳丽的台北街头，我突然想到这笔税缴得有点奇怪。前一段时间还收到两支从英国订来的烟斗，总价超过六千块新台币。可是，大概是因为只有两支，体积小，所以没有被拦下课税。这次体积稍大，所以即使总价较低，也要缴税。这不是有点"选择性正义"的味道，有点不合理？而且，吃一次亏学一次乖；下一次邮购物品时，我知道要分批订或通知商人把东西分开寄，让每一个包裹的总值不超过六千块新台币，这样就可合理地免税。可是，烟斗可以分开寄，有些东西（像音响）不能拆开寄。结果，同样的消费、不同的税负，是不是也有点不合理？

最不合理的地方是计税的方式：六千元以下免税，六千元以上要付总价百分之十五的税，而不是付超过六千块那部分的百分之十五。因此，买六千元东西的人不需要付税，买六千零一元东西的人要付九百块的税。总价只有一块钱之差，但税负却差了九百块。这当然不合理。计算的方式应该像所得税一样：收入

（新台币）六万块以下的免税，六万块以上的部分开始付百分之八的税。这样才合理。

税的事想清楚之后，我马上联想到另外一个问题：虽然我觉得税的计算不合理，但是我愿意做什么？写信给财政部门？打电话给民意代表？向报纸读者投书？还是什么都不做，反正这次我已经缴了税，下次分开寄包裹就是了，让这事和我无关？

阳光亮丽得有些刺眼，我有点看不清楚人行道的高低。

鞍贵不买马，拿证据来

从这个学期开始，台大经济系变大了。由原来每年联考招收八十位新生变成一百四十余位。学生人数增加，老师也愈来愈多，预计今后四年每年能增聘四位老师。前几天，很意外地在一个场合里听到学生对经济系扩充的想法。

因缘凑巧，在一家啤酒屋里和另外一位老师以及他的导生一起聊天。话题扯上经济系增加师生的事时，学生们各抒己见。其中一位看来好学深思、颇有主见的学生对这种发展很不以为然。他认为法学院地小人多，一下子又多出这么多学生，不但让每一个学生人格发展的空间缩小，而且，人多之后，前后期学长学弟妹们之间的交往也会愈来愈淡薄。如果只是要增聘师资的话，为什么不能"格局大些"地针对经济系长期发展的规划来争取调整？

他的导师很有耐心地把整件事的背景、系里的考虑、客观条件的限制等娓娓道来。我在旁觉得有点惊愕，因此猛灌（掺了水的）啤酒。我心里想：增班和增聘师资两件事互为因果，人多可以让法学院更人文荟萃，资源设施更丰富。为什么会马上有"结果一定不好"的推论呢？为什么要（硬生生地）为这件"小事"赋予那么多的意义呢？

财政部门前一段时间和相关单位研议，要把汽机车牌照税调高百分之三十。而且，新机车在申请牌照时就必须先预付五年的牌照税。从整个赋税结构来看，这和所得税税率或营业税税率的调整相比，实在算不了什么大事。也就没有必要为赋新词强说愁，勉强地大张旗鼓、挞伐一番。然而，即使如此，调高牌照税这个做法在"目的"和"手段"之间的关系，还是值得做一番考虑。

提高汽机车牌照税的主要目的应该说有两方面：一是开辟财源，增加税收；二是以价制量、抑制机车及小客车的增长。财政部门关切的重点显然是前者（如果是后者的话，这个措施应该是由环保署或交通部门主导提出）。任何对财政实务稍有经验的人都知道，在设计或调整税负结构时，最重要的考虑就是"可行性"，也就是要能课得到税、拿得到钱。能够扯得上"公平""正义"这些原则最好，不能的话找些其他的理由敷衍两三句也行。如果真是由"公平""正义"出发，再规划税负的话，为什么工程受益费这个好观念现在却行不通，为什么就事论事，取消军人及中小学老师免税待遇还遥遥无期？因此，对财政单位而言，管他是白猫还是黑猫，只要能逮住肥（瘦）鹅拔毛剥皮——还能留下活口的——就是好猫！

比较值得斟酌的倒是第二个政策目标——抑制机车和小客车

的增长。这牵涉两个问题：第一，牌照税提高百分之三十不过增加区区几百块钱，因为一年一课，所以虽然缴时会嘀咕抱怨，但咬牙凑合凑合也就过了，能发挥多少抑制增长的作用实在堪虑。因此，希望借此改善空气质量和交通秩序当然也不乐观。就目前的税率水平，会因为"鞍"太贵而不买"马"的人大概不多。比较可能的是"鞍"贵了就买较便宜的"马"，但是不会不买"马"。第二，如果百分之三十只是个起点，以后还要继续调高，那么，当税率真的高到能抑制车辆的购买时，最先受影响的一批人很可能是所得较低、最需要汽机车（尤其是机车）代步的消费者。在那种情形下，车辆固然会减少、空气质量和交通秩序固然会改善，但是"所得分配"或"社会公义"是不是会受到伤害呢？

经济系增班之后，可能会妨碍学生人格的发展，但增聘师资也可能会有效地改善教学质量。到底如何，很难臆测。但是，这毕竟是小事，毋庸多议。相形之下，提高汽机车牌照税影响的人多、影响的层面广，财政部门理当"拿证据来"举证，说明调整税率和预期结果之间的具体关系，而不该只是想当然耳式地论断是非。想一想，被拔毛剥皮的鹅在心不甘情不愿之余是不是也有点"知"的权利呢？

现金补贴还是实物补贴

在讨论社会福利措施时，有一个常引起争论的问题：如果社会要帮助贫困穷苦的人，那么以直接给他们一笔钱（现金补贴）

的方式比较好,还是提供基本的食物、房舍和医疗等(实物补贴)给他们的方式比较好?

也许一般人很直觉的反应是:当然是实物补贴比较好。因为如果是现金补贴的话,说不定补贴的人会把钱拿去乱用,而违背了当初帮助他的美意。可是,人都是自己的主人,既然你我都知道自己最需要的是什么,我们都会把拿到的钱用到最需要的地方。如果我最希望得到的是更多的教育,政府给我再多的食物救济也是牛头不对马嘴。你我如此,人人如此。所以,现金补贴当然要比实物补贴来得好。

这么看来,这个问题显然可以从不同的角度来探讨。

仔细想一想,赞成实物补贴可能有几点理由。首先,接受济助的人可能没有足够的能力来做"比较好"的判断。人对自己的自制毕竟有限。这些需要济助的人固然有些是身不由己,受到环境因素像景气萧条、病痛折磨的影响,可是也有一部分确实是因为自己的因素才挣脱不了沦落颓唐的生活(要不然社会里怎么会有戒毒所、难民收容所、技艺中心等等,以带着强制意味的措施来改变人的行为)。所以,承认有一部分人不能完全自主,固然对这些人的尊严有所伤害,有点令人遗憾,可是,这是冷冰冰的事实。只有当社会能以哀矜的心情接受这一点,才能进一步地设法更贴切地帮助这些人。

赞成实物补贴的第二个理由是为了促进社会的公平。一般来说,人的好尚可以分成两类:一类是关于"个人本身"的事务,一类是关于"个人"和"社会"的相对关系。前者是指每个人在食衣住行上各有不同的偏好。后者是指每个人认为社会里各种竞赛的规则是不是公平合理，每个人的基本权利是不是得到充分的保障等等。虽然每个人都希望自己的生活过得愈舒适富裕愈好，但是同时也都会希望社会的竞赛规则是合理公平的。因为，如果能这样，就不会让有些人的竞争条件比别人差得太多，也没有人会在胜负决定之后输得太惨。所以，不论是在比赛的"起跑点"上或是在"终点线"上，参与者都不应该有太大的差距。

从这个观点看来，对穷困者基本生活、医疗、居住的实物补贴就像每一个人的投票权一样，是对个人"基本权利"的保障。这些权利是维持个人自由和尊严的根本，用金钱补贴的方式未必能明确而具体地保障个人的这些基本权利。

除了基本生活、医疗、居住的实物补贴之外，政府所提供的公立学校教育也可以看成是另外一种形式的"实物补贴"。因为如果政府在意的只是社会大众（尤其是较贫困的民众）都能得到某种程度的教育，那么政府大可以以现金补助民众上私立学校，而无须设立公立学校。因此，为什么政府要设立公立学校呢？这可以从学校教育的性质上来看。

学生在学校里接触的除了知识之外，最主要的是孕育出一套这个社会所珍惜的价值观念，包括对民主自由的尊重，对工作伦理的信奉等等。所以，如果教育全由私立学校提供，等于是把传播这套价值观念的重责大任委之于不可知。私立学校竞争的结果，可能会受到风尚流行的影响而左右反复、随波逐流。所以，为了能更有效地把社会所珍惜的价值观念传递到下一代身上，由政府设立公立学校是最直接而且保险的做法。在这种考虑之下，"实物补贴"（提供公立学校的教育）显然要比"现金补贴"来得好。

这么看来,"实物补贴"可以说是不理想但一个社会不得不采取的做法。但是,有一点是千万要注意的,一旦要采取具体的措施,这些措施必须是由某些人或某个机构来执行。因此,如何避免这些人或这些机构以自己的意旨为意旨,把自己主观的好尚加之于受济助的人的身上,甚至拿着鸡毛当令箭地假公济私,就是很值得我们深思的课题。

(取材自梭罗教授所撰《现金或实物补贴》)

第十二章　无所不在的科斯

虽然科斯的论述不多,主要的几篇论文却早已是经济学的经典。日趋重要的法律经济学可以说就是由他所一手开创。他的论述中最著名的是"科斯定理",听来有点吓人,但其实这个定理相当有趣,而且寓意深远。只要解释得宜,便老妪能解。

灯塔的故事——之一

在一个靠海的渔港村落里住了两三百个人，大部分的人都是靠出海捕鱼维生。港口附近礁石险恶，船只一不小心就可能触礁沉没而人财两失。如果这些村民都觉得该盖一座灯塔，好在雾里夜里指引迷津，如果大家对于灯塔的位置、高度、材料、维护也都毫无异议，那么，剩下的问题就是怎么样把钱找出来，分担盖灯塔的费用。

村民们怎么样分担这些费用比较好呢？

既然灯塔是让渔船趋福避祸，就依船只数平均分摊好了！

可是，船只有大有小。船只大的船员往往比较多，享受到的好处比较多。所以，依船员人数分摊可能比较好。

可是，船员多少不一定是好的指标，该看渔获量。捞得的鱼多，收入较多，自然能负担比较多的费用。所以，依渔获量来分摊比较好！

可是，以哪一段时间的渔获量为准呢？要算出渔获量还得有人称重和记录，谁来做呢？而且，不打渔的村民也间接地享受到美味的海鲜，也应该负担一部分的成本。所以，依全村人口数平均分摊最公平。

可是，如果有人是素食主义者，不吃鱼。难道也应该出钱吗？

可是，即使素食主义者自己不吃鱼，他的妻子儿女还是会吃鱼啊！所以还是该按全村人口平均分摊。

可是，如果这个素食主义者同时也是个独身主义者，没有妻子儿女，怎么办？还是以船只数为准比较好。船只数明确可循，不会有争议！

可是，有人反对道：虽然家里有两艘船，却只有在白天出海捕鱼，傍晚之前就回到港里，所以，根本用不上灯塔，为什么要分摊？或者，有人表示：即使是按正常时段出海，入夜之后才回港，但是，因为是讨海老手，所以港里港外哪里有礁石，早就一清二楚，闭上眼睛都能把船开回港里，当然也就用不上灯塔。

好了，不管用哪一种方式，如果大家都（勉强）同意，都好（也许决定是自由乐捐）。可是，由谁来收钱呢？在这个没有乡公所和村里长的村落里，谁来负责挨家挨户地收钱保管呢？

好吧，如果有人自告奋勇，或有人众望所归、勉为其难地出面为大家服务，总算可以把问题解决了！可是，即使当初大家说好各自负担多少，如果有人事后赖皮，或有意无意地拖延时日，就是不付钱，怎么办？大家是不是愿意赋予这个"公仆"某些像纠举、惩罚等的"公权力"呢？

灯塔的例子很具体而深刻地反映了一个社会在处理"公共财"这个问题上所面临的困难。灯塔所绽放的光芒德泽广被，让过往的船只均蒙其利。可是，其他的东西像面包牛奶一个人享用了之后别人就不能再享用。灯塔的光线却不是这样，多一艘船享用不会使光芒减少一丝一毫。而且，你在杂货店里付了钱才能得到牛奶面包。可是，即使你不付钱，还是可以享有灯塔的指引，别人很难因为你不付钱而把你排除在灯塔的普照之外。

和牛奶面包相比，像灯塔这种财货就比较容易由公共部门来解决。因此，由灯塔的例子，可以具体而微地联想到"政府"存在的理由：通过大家认可的方式，大家决定要有哪些像灯塔之类的公共财，也决定要怎么样分摊提供这些公共财的成本；而且，为了能有效地处理"支出"和"收入"这两方面的问题，大家也愿意让政府拥有某些司法和制裁的权力。

对一般人来说，也许灯塔和实际生活的经验有一段距离，不太能体会里面的曲折。但是，类似的例子多得很。每一个人都可以自问，如果要在自己家附近的巷子里设一盏路灯，钱要由街坊邻居一起分摊，地点要由大家商量决定，那么，你认为怎么做比较好，或者你觉走夜路没有什么不好，何必劳民伤财……

灯塔的故事——之二

虽然早就在别的文章里，看到科斯的这篇论文多次地被引用，可是，一直到读他《论文精选》这本书，才看到闻名已久的这篇《经济学里的灯塔》。

初读这篇传诵一时的文章，并不觉得有什么特别，甚至觉得有点困惑。为什么科斯会把这篇文章收录在他准备传世的"精选"里。文章还没看完，刚好有事必须处理，就带着满腹的不解离开书桌。第二天找到时间，把文章看完，还是不能体会这篇文章的重要性。再看了第二次，依然如此。

科斯的这本"精选"显然是他二十余岁就成名、纵横经济学数十年之后，精挑细数自己最满意作品的上上之作。书在1988年出版，三年之后刚好得到诺贝尔经济学奖。后世学者要了解科斯，大概只要精读这本小书里的七篇文章，就可以得其精髓。

七篇文章里，第一篇是三十余页的长序。一方面回顾他的心路历程，另一方面细数他自认为对经济学的贡献。第二篇是他在二十一岁前后写就的经典之作《企业的本质》（"The Nature of the Firm"）。文中点出了市场经济里价格机能的特性：利用市场的价格机能去取得各种资源，会隐含搜寻、订约、履行等成本。这些成本可能很高，所以，成立一个经常性的"厂商"来运用资源可能会胜过利用价格机能。

第三篇《社会成本问题》（"The Problem of Social Cost"）更是近几十年来蓬勃发展的"法律经济学"的奠基之作。自1960年出版以来，这篇文章已经被别的论著引用了数千次，对西方法学界产生革命性的冲击。因此，这篇文章的重要性当然不容置疑。第四篇文章厘清了传统经济学所深信不疑、奉为圭臬的"边际成本定价法"在推理上的谬误。第五篇是对"工业经济学"的反省和指引。第六篇是他对数十年来自己所受的攻击提出的反驳。论点虽然不一定能服人。但是，大师出手，确实铿锵有力、掷地有声。

和前六篇文章的大开大阖相比，第七篇文章虽长，但就内容而言，只能算是学术上的一篇小品……

传统上经济学者一直认为，灯塔非由政府兴建不可。因为，灯塔散发的光芒虽然功德无量，可是船只可以否认自己真的要靠灯塔指引，或者过港不入。所以，民营的灯塔可能收不到钱。而且，灯塔照明的成本是固定的，和多一艘船或少一艘船无关。因此，灯塔不应该收费，而应该由政府经营。

科斯引述史料，说明在17、18世纪时，英国境内大部分的灯塔都不是政府经营，而是由英皇特许，私人经营，或者是由一个港务公会负责兴建经营。这些"非公营"的灯塔定有费率，向所有进港的船只收费。

科斯引用的史料很生动。譬如说，他在文章里面提到有一商人花了四十万英镑，在一处险恶的礁石上翻修了一座新的灯塔。但是，在暴风雨中，人和灯塔都被扫入海里。灾难过后，英国政府付给商人遗孀慰问金二百英镑和年金一百英镑。可是，文章虽然有趣，重点只不过是点出了传统经济学者在论述时不讲求证据的缺失而已。有什么重要可言呢？而且，虽然文章里被科斯点名批评的包括马夏尔、萨缪尔森这些经济学（史）上的大师。可是，这篇文章发表时科斯早已是一方重镇，并不需借着撂倒大师来扬名立万。所以，为什么科斯会把这样一篇文章收入他的传世之作呢？

也许，科斯是希望借着这篇文章来提醒所有的经济学者：经济学不该只是漂亮的模型、繁复的数学和想当然耳的推论，对于人的实际行为多做观察和了解，再归纳萃取出一些智慧，这样的经济学或许比较平实可喜。

可是，单单为这一点"常识"，就值得让这篇文章和其他的经典之作平起平坐吗？何况，科斯对萨缪尔森的批评也不能说毫无瑕疵。即使英国历史上曾经有过私人的灯塔，并不表示私人灯塔是常态。放眼21世纪的今天，试问世界上有几座灯塔不是公营的？因此，萨氏的观点并不为过。那么，追根究底，科斯到底为什么对这篇有关灯塔的论文情有独钟呢？

灯塔，应该是有助于指点迷津的。可是，经济学里的灯塔却好像总是让人坠入五里雾中，不辨西东⋯⋯

意外之外

虽然历史上许多重要的发明都是"意外"或"偶然"——像瓦特看到水壶里沸腾的水蒸气冲开壶盖，体会出蒸汽的动力而发明了蒸汽机；牛顿（据说）坐在苹果树下翻漫画书时看到苹果落地，因而发现了万有引力——但是，当意外发生时，除非身历其境的人能够慧眼独具，要不然机会来去还不是像过眼烟云？"科斯定理"的发现也算是偶然，但当然也少不了有大智慧如科斯者。

20世纪50年代后期，科斯接受美国政府的委托，研究一个很实际的问题：广播公司所发送信号的波段要怎么开放？这个问题很有趣，因为当很多广播公司向政府申请波段时，一个波段只能分配给一家广播公司，否则两家用同一波段播音信号会彼此干扰。但是，发射不同波段的信号要花不同的成本。所以，如果一个好的波段（信号容易发射）分配给一个地区性的小公司，德泽不能广被，就有点可惜。这种波段最好分配给大的广播公司，这样子大公司能以比较低的花费把信号发射到幅员辽阔的区域，造福更多的听众。可是，广播公司都是在刚成立的时候申请波段。谁也不知道这些公司将来到底会大会小。因此，美国政府丢给科斯的烫手山芋是找出"最好"的方法来分配波段。

经过一段时间的思索咀嚼，科斯悟出了一个道理：如果争执、沟通、议价、协商这些行为都没有（交易）成本的话，那么波段怎么分配都无所谓，"最好"的波段最后一定落入"最需要"这个波段的公司手里。这是因为不管当初怎么分配波段，经过一段时间，最有需要的那家公司一定可以通过协商，向原来拥有最好波段的公司把使用权买过来。

科斯交完研究报告之后，把这个观点写成论文，在 1960 年发表。当时美国的经济学界都反对他的观点。在芝加哥大学的经济学者觉得科斯是个不错的经济学家，怎么会有这个怪想法？因此，就联名请当时在弗吉尼亚州教书的科斯到芝加哥大学一谈。当天晚上为他开了一个宴会，除了科斯之外还有二十位名重一时的经济学者（其中包括后来先得到诺贝尔奖的弗里德曼和斯蒂格勒）。论战开始时，双方是一比二十，科斯独战群伦。经过几个小时的唇枪舌剑之后，河山变色，局势完全逆转，最后变成二十一比零。科斯折服了所有在场的经济学者。历史上有名的"科斯定理"于焉确定。斯蒂格勒后来在回忆录里描述当天晚上的景况，说那是他一生里经历过的最惊心动魄，在智慧上最有豁然开朗感受的一晚。

事实上，这段史实还只是科斯定理兴味所在的一小部分而已。当其他经济学者、法律学者慢慢引申出科斯定理的丰富内涵时，大家才真正逐渐地体会到科斯定理的重要性。而这些发展，恐怕连科斯自己都会觉得意外吧！

其实无所谓

1991年的诺贝尔经济学奖颁给科斯，他是美国芝加哥大学的经济学者。他虽然桃李满天下，但绝对不是著作等身——因为他惜墨如金，几十年来重要的论文屈两手之指而可尽数。可是，虽然他论述不多，主要的几篇论文却早已是经济学的经典。而且，日趋重要的法律经济学可以说就是由他所一手开创。他的论述中最著名的是科斯定理，听来有点吓人，但其实这个定理相当有趣，而且寓意深远。只要解释得宜，科斯定理老妪能解。

如果在一个煤区里有三十个矿场，而煤层底下有地下水，抽了地下水之后开采比较容易。如果其中任何一个矿场单独抽地下水，对整个地区地下水的水位不会有明显的影响。可是，如果其他矿场都一起抽地下水而且抽出的水愈多的话，那么其中任何一个矿场要再抽地下水就容易得多。也就是说，个别矿场的行为对整个矿区影响不大，但是如果所有矿场共同行动，就会明显地影响整个矿区。既然个别矿场抽地下水对整个矿区的水位没有显著的影响（也就是对自己矿场里的水位影响不大），因此每个矿场在决定自己要抽多少地下水时不会从"大处着眼"地帮其他的矿场考虑（因为别的矿场不会酬谢他的贡献）。人同此心，心同此理的结果是：从整个矿区的着眼点看来，因为每个矿场的抽水量都偏低，所以整个矿区的抽水量就没有达到最适当的水平。要矫正这种缺失，传统的经济学者认为政府可以介入，譬如说补贴每个矿场的抽水成本，使每个矿场比较乐意去抽取较多的地下水。这样子可以使整个矿区的水位达到应该达到的水平。

这个例子反映出"私人利益"和"社会利益"的差别。自己矿场里水位的高低是私人的个别利益，整个矿区的水位高低是社会利益。当个人的举止除了对自己有影响之外，对其他人也有影响的时候，"私人利益"和"社会利益"之间可能有差距。在这种情形下，要增进社会利益，可以由政府采取"租税"或"补贴"的方式来诱导个人做行为上的调整。

科斯在1960年发表的论文，对这个问题有新的看法，他认为，如果没有交易成本的话，资源的运用会具有效率。这有两层意义：一是指当没有交易成本时，不会再有所谓的"外部经济"或"外部不经济"，社会利益会等于私人利益；另外一层意义是，只要没有交易成本的话，那么不管法律上怎么分配财产权，资源的运用都不会受到影响。前面这层意义比较清楚：如果三十个矿场的老板能聚在一起，大家共同协议各应抽多少的地下水，而且每个人都知道别人到底抽了多少的地下水（因为没有交易成本，所以达成协议、履行协商都是在成本为零之下完成），那么，整个矿区的水位可以达到理想的水平，没有外部经济或不经济的问题。

第二层意义一直是争议所在。科斯用一个例子来说明他的概念。假设有一个养牛的牧场和一个种麦的农场相邻。如果没有牛栏的话，牧场里的牛会逛到麦田里觅食而且踩坏麦子。科斯认为，不管法律上是规定牧场应负损坏麦田的责任或农场自己要负责（因为农场也可以自围栏杆或付钱请牧场围栏杆），牧场里养牛的数目和麦田的面积都不会受到影响——只要没有交易成本。这是因为当没有交易成本时，农场和牧场的主人可以沟通、协议。如果牛比较值钱，牧场可以围起栏杆或是赔偿麦田的损失（如果法律上规定牧场要负损害赔偿的责任），或者农场承担损失（如果法律规定牧场不需负责）。如果麦子比较值钱，双方可以采取相反的措施。因此，不论财产权怎么设定，资源运用都会达到最有效率的情况。差别所在只是所得的移转而已（牧场或农场的所得会一增一减），对资源运用不会有影响。

科斯的论文出版之后，几十年来引发了数百篇论文从不同的角度来论证他的观点。追根究底，科斯定理可以一言以蔽之：如果没有交易成本，那么不管财产权的归属怎么界定，资源的运用都会达到最有效率的境界。

都是成本的问题

科斯定理是指"在没有交易成本的情形下，不论财产权如何界定，资源的运用都会达到最有效率的境界"。可是，没有交易成本的世界到底是指什么样的一种状态呢？可以这么想，在科斯所举的农场和牧场例子里，如果农场和牧场的主人是同一个人，那么他自己可以决定该养多少牛，该种多少麦子，该不该搭栏杆等。只有一个人,所以不需要沟通、协商,也就是没有交易成本,当然也就没有财产权分配的问题,资源运用自然会达到"最有效率"的情况。

没有交易成本的世界当然是不真实的,人的任何活动都有交易成本。即使是个人自己的行为都起码要花时间去想、去讲,也就是要付出成本。个人和别人交往更要花费可观的时间协商、妥协、彼此迁就,所付出的成本当然更明显。而且,就以市场里的交易为例,买卖双方所面对的交易成本几乎是无所不在。另一位诺贝尔奖得主斯蒂格勒在1961年发展出来的"搜寻理论"就具体而微地反映了交易成本这个问题的重要性。

斯蒂格勒的"搜寻理论"所要处理的问题其实很简单明确:如果你要买一台电视,或一个冰箱,或一套衣服,你知道有很多店里都有卖,而且价钱货色有高低上下之分,那么,你会花多少的时间精力去货比三家(或四家)?最适当的"搜寻法则"是什么?你花的时间气力和东西的金额大小、东西的特性(标准化的电视和非标准化的衣服)之间的关系是什么?

除了"搜寻"之外,市场里买卖双方当然还可以采取很多不同的做法以减少"信息缺憾"这种交易成本。为了弥补信息的不足,买卖双方都会以各种方式提供更多的信息以取得对方的信任和认可。商人以广告提供信息是最直接的方式。专业人员如律师、医生在事务所和诊所里张贴名人显要的谢辞也是在传递信息。品牌所代表的商誉本身也隐含信息的传递。此外,厂商提供各种形式的保单更是说服消费者、使消费者产生信心的做法。谋职者(推销自己的人)借着学历证件、经历、介绍信等来反映自己条件能力的做法，当然也是在减少信息结构上的不对等。

为了减少买卖双方所拥有信息的差异，有企业精神的人也会以提供信息来营利，因而开发出一连串新的市场。在这些市场里交易的商品就是信息，提供信息的是买卖双方之外的第三者，是信息的媒介。中介业者像房地产的掮客、婚姻介绍所，都是在提供信息以撮合买卖和嫁娶的双方。此外，检验所、鉴定商、估价业者提供的虽然是较间接的服务，但功能也很接近。

搜寻理论和科斯定理可以说是从不同的两个角度来看交易成本。科斯定理认定，在没有交易成本的情形下，资源的运用会达到最有效率的境界。搜寻理论则是把市场里的信息不足看成是一种交易成本，然后研究在这种交易成本已经存在的限制之下，理性的经济人会如何调整自己的行为。斯蒂格勒的探讨为经济学开辟了一个新的领域，"信息经济学"由此蓬勃发展，成为最近几十年里收获最丰硕的经济学领域之一。但是，追根究底，他所处理的就是"信息"这个交易成本的问题。

虽然角度不同，可是斯蒂格勒和科斯研究的都是交易成本，而且都卓然有成。有趣的是，斯氏在1982年获得诺贝尔经济学奖，科斯则是晚了九年，在1991年才众望所归地得到诺贝尔奖的殊荣。因此，令人好奇的是，如果没有"信息缺憾"这种交易成本的话，科斯是不是会早一点得到诺贝尔奖呢？

一把尺的问题

科斯定理影响了经济学者的世界观,也引发了相当多的争议。1986年诺贝尔经济学奖得主布坎南就曾经为文对科斯定理提出了相当深刻的批评。虽然英雄所见不同,但高手过招真是令人叹为观止、视野大开。

根据科斯定理,如果一个人同时拥有牧场和农场,就不会有财产权归属的问题,因此资源运用会是有效率的。布坎南的批评是:牧牛和麦子的价值是"主观判断"所决定的,因此,即使牧场和农场属于同一个人,不同的人会有不同的判断,不见得会对牧牛的头数和麦田的面积做同样的取舍。布坎南觉得科斯似乎是认定,养牛的利益和损失可以有"客观的"标准来评量,而且每个人的观点一致,因此有一种特定的资源组合(牧牛的头数和麦田的面积)会是有效率的。既然这种组合是特定而且是客观的,旁观者就能只观察"结果"就判断到底资源的运用是不是达到有效率的水平。布坎南不同意这种对"有效率"的阐释,他认为价值是由主观决定的,因此,在任一种(交易或分配的)制度之下,只要双方是在自由意志下进行交换,结果就是有效率的。

布坎南的观点自然引发出一个很重要的问题:如果没有客观的尺度来衡量效率,你所观察到的就是有效率的配置,那么,什么是"没有效率"的资源分配?针对这个问题,布坎南把讨论提升到一个较高的层次。他认为检验资源运用是不是有效率的唯一法则,是让参与交易的人有机会重新选择交易的"法则"或"制度"。如果参与者扬弃原来的方式,而选了另外一种法则或制度来决定资源怎么运用，那么原来的资源分配就是"不效率"的。换句话说，布坎南认为衡量效率与否的标准是在交易的"法则"或"制度"，而不是在交易的"结果"。如果农场和牧场的主人协议以"投标"的方式来决定牧牛的头数和麦田的面积，那么投标方式所产生的资源分配就是有效率的，而原来商议方式下的就不是有效率的。

科斯和布坎南观点上的差异还可以做进一步的发挥。科斯认为如果没有交易成本，那么无论财产权如何赋予，资源的运用都会达到最有效率的地步。这意味着在考虑资源的运用时，市场上有一把客观的、绝对的"效率之尺"，能一以贯之地衡量效率水平的高低。因此，在界定财产权时，就应该考虑可能产生的交易成本，使资源最后的配置在这把效率之尺上的刻度愈高愈好。

相形之下，布坎南强调个人的主观价值，所以等于是直接否认了（客观存在的）效率之尺。可是，如果让参与交易的人能选择交易的"规则"或"制度"，黄口小儿和才学之士的取舍显然会不一样。所以，布坎南观点的启示是：个人主观价值就像是每个人都有一把"心中之尺"，应该设法培养和提升这把（可能每人不同的）"心中之尺"的品质；然后，在选择交易的"规则"或"制度"时，参与交易的人才能选出较好的规则或制度——即使我们不能断定什么是较好的规则或制度。

当市场充分发挥机能时，"效率之尺"的刻度清晰可见。借着市场机能的调节，资源会根据"效率之尺"的指引而流向价值最高的用途上。可是，市场也是由许多的个人所组成，因此，追根究底,"效率之尺"也就是由许许多多个人的"心中之尺"所汇集而成。众人的"心中之尺"质量愈高,市场的"效率之尺"当然也就愈稳定精确。

一言以蔽之,科斯强调"市场",布坎南强调"个人"。两人虽然着重点不同,但也有相通之处。简单的观念经过两人辩难,这个世界真的再也不一样了!

第十三章　从经济学的角度看政治

市场里经济活动的交换关系可能演变出不好的结果，政治过程中的选举与投票就一定会对现状有所改善吗？然而，无论是在"市场"里或是在"政治过程"里，都应该设法提高参与者的品位、判断力，以及容忍歧异的雅量。

经济学者的政治观

早期的经济学主要是探讨各种经济现象。但是，在经济学的体系灿然大备之后，有些（不知天高地厚的）经济学者开始把经济学的分析工具用来探讨政治现象。也许是误打误撞，也许是旁观者清，这些经济学者对政治现象的观察却往往是见政治学者所未见。

譬如说，经济学者对政治本质的看法就很发人深省。

在各个"市场"里，个人和个人之间可以通过"交换"而增进彼此的福祉。但是，当社会里的人数增多之后，并不是所有的事都可以借着两两交换而达成。有些事牵涉到社区（或社会）里大部分或所有的人。举例而言，如果是一个临海的渔村，大部分的人家都需要灯塔，可是灯塔大概不能凭个人之力而盖成。如果是一个临河靠江的城镇，一定要有堤防才能保护大家的身家性命。除此之外，人多之后乡镇里要划分街道，要巡更守夜，要造桥铺路，等等。

这些大大小小的事都和社区（会）有关，很难再像在市场里一样地借着两两交易而解决。因此，大家会慢慢摸索发展出一套解决这些"公共事务"的方式或程序。由年高德崇的长老发号施令是一种方式，由村民聚会协商是另一种方式，由地主士绅出面安排是第三种方式。因为这些挥之不去的"公共事务"是众人生活里的一部分，所以，无论是采用哪一种做法，总要设法安排解决。但是，解决的方式在本质上也还是一种"交换"：一个人付出金钱或劳力，换得的是他人也付出类似的金钱或劳力。然后，这些金钱劳力汇集之后，能生产或提供灯塔、堤防之类的公共财。每一个人都可以享受这些公共财。

当这些公共财愈来愈多，就需要有专人或经常性的组织来负责，因此，各种行政组织慢慢形成。在现代的民主社会里，这些行政组织的统称就是"政府"。个人不再直接付出劳力以获得公共财，而是以各式各样的税捐作为替代。有形的税捐包括所得税、营业税、房屋税等不一而足。无形的税捐像服兵役。但是，无论是有形或无形，也不管自己缴的税和最后得到的服务距离多么遥远，个人的付出和获得还是一种交换的关系。

这种交换关系有两点特色：第一，虽然表面上看，个人缴税给政府，政府提供公共劳务，但是，这种交换关系实质上是"个人"和其他的"个人"之间的交换。社会的成员签订基本的契约（也就是宪法）来界定这种交换关系。我按时缴税而且不违法的前提，是其他大多数人也按时缴税而不违法。"政府"只是社会成员实现这个契约的工具而已，政府没有绝对的价值。因此，如果政府表现不佳，个人可以通过修法来调整政府的功能，或通过选举而汰换政府的官员。

第二点特色是，为了维系这个基本规章于不坠，个人愿意放弃一部分自由（权利），好让"政府"这个代理人拥有司法和惩罚的权力。一旦其他的人违反基本规章（犯法或逃漏税），"政府"就可以处分校正这些逾矩者。因此，个人放弃自由（权利）的目的事实上是在保障自己的自由。

市场里经济活动的交换关系可能演变出"不好"的结果。同样的，通过缴税服兵役以取得公共财的交换关系也不一定有好的结果。有些集团可能成为政治上的既得利益，而一直享有特殊的地位。有些群体可能一直受压抑欺凌。也就是说，这些人在参与交换关系时可能不是在平等的基础上。

既然市场里可能有大企业垄断，政治过程里也可能有党派独大，所以，交换关系可能"不合理"而应当调整。但是，和有些政治学者认为政治是狗咬狗、人吃人、强凌弱、众欺寡的观点相比，以"交换关系"来阐释政治过程不是更具有正面的、肯定的意义吗？通过"交换"，所有的人都可以增进自己的福祉——起码在观念上来说，政治过程可以如此，而且应该如此！

这么看来，经济学非但不是"忧郁的科学"，而且还很积极进取呢！

寻找心中的那把尺

经济学里强调"消费者主权"，也就是要尊重个人（对商品）表达好恶的自由。这个观念往往用"情人眼里出西施"这句话来反映。可是，仔细想想，这句话的含义要深刻得多。

消费者在市场里买各式各样的商品和劳务。（在相当的程度里）只要是我喜欢，没有什么不可以。情人眼里出西施指的是"一个"愿打，"一个"愿挨。个人的消费可以自主，应该自主，而且必须自主！

消费者除了在"市场"里交易之外，也通过"政治过程"，借着缴税而得到一些像国防治安之类的公共财。在政治过程里当然也要尊重"消费者主权"。可是，和市场相比，政治过程里的"消费者主权"在性质上要大不相同矣！在市场里，你买的东西好坏由你自己承担，所以别人无权置喙。然而，在政治过程里，大家必须通过"代议"的方式来决定各种公共财的数量和质量。因此，虽然你我可能觉得"延长义务教育年限"是当务之急，但是其他的人可能认为"加强交通建设"才是第一要务。在大家好尚殊异的情形下，只好通过某种规则来做取舍。不论结果如何，一旦决定，大家都得到同样的东西。换句话说，在每一个人都是"情人眼里出西施"的前提下，大家还得决定出一个"众人的西施"。问题是，有没有一个客观的标准可以作为众人在取舍时所依循的指标呢？

1986年诺贝尔经济学奖得主布坎南曾经讲过一句名言，他说：在处理众人的共同事务时，如果有人认为"一加一不等于二"，我们就得想出办法，好在这个基础之上设法解决彼此的歧见，或寻求彼此的交集。这话听来有点荒谬，但其实寓有深意。社会问题千头万绪，每人所思不同，本来就没有"绝对的""客观的"尺度。所以，不管别人的意见多么"离谱""无稽"，在"共同取舍"时，必须先承认彼此的好恶都是"真实"而"平等"的，然后,再在这个基础上沟通、协商,再做决定。当然,更深刻的意义是,既然每一个人心里都有自己刻画的一把尺,社会就可以想办法在教育下一代子弟时,多注意在"基本价值"上培养共同的好尚。也就是设法使每个子弟心中的那一把(衡量基本价值的)尺愈接近愈好。这些小孩子长大之后,在参与公民投票选出那个"众人的西施"时就比较和谐容易一些——即使选出后还是会有人不以为然!

"消费者主权"的含义在"市场"里和在"政治过程"里很不一样。但是,无论是在"市场"里或在"政治过程"里,都应该设法提高消费者的品位、判断力,以及容忍歧异的雅量。换句话说,我们该想办法让每一个人心中的那把尺的"质量"愈高愈好,即使每个人的"心中之尺"有不同的刻度和长短。

"一人一票"的谜思

民主政治所隐含的"一人一票"虽然具体而微地反映了不分阶级、贫富、贵贱,人人平等的理念,但是,有很多人对民主政治摇头叹息也是因为"一人一票"。试想,如果我在投票前花了数十小时搜集数据,比较候选人之间的优劣,为什么我和不知好歹的你一样,只有一票?如果我对某议题有浓厚的好恶,为什么我又要和漫不经心、无可无不可的你一样,只有一票?

在"市场"的经济活动里,如果我喜欢听音乐,我可以耗资数(十)万买下高质量的音响设备。如果再考究一些,还可以斥巨资辟个控湿控温的音响室。只要口袋里有银两,我可以吹毛求疵地来满足我的好恶。因此,和那些只要买个廉价的录音机就心满意足的人相比,我的品位刚好和他们的好尚各得其所,互不侵犯。因此,在市场里,一个人所付出价格的高低,可以相当精确地反映他(她)对商品偏好的强弱程度。

如果市场里有外力的干预,那么"价格机能"就会被扭曲,消费者不能很自在地为所欲为。但是,即使如此,买卖双方还是有办法以很特别的方式来表达他们的意愿……

在房租管制的地区,规定房租不得高于某一个限额。结果造成两种现象:一种是因为房租过低,入不敷出,所以有些房东干脆停止维修,房子不粉刷、马桶坏了不修、电灯坏了不换等;最后还是一分钱一分货——付的房租低,租到手的房子也差。另外一种可能产生的现象很有趣,房东还是把房子保持在很理想的状态,因为价廉物美,所以供不应求,想租房子的人接踵于途。

但是,粥少僧多,怎么办呢?山不转路转,心思灵巧的人自然想得出办法来因应。或是自愿付押金,无息放在房东那里,退租时再还。或是主动帮房东换新沙发、电视、冰箱。或是顺便帮房东照顾庭院、猫狗。或是"刚好"为房东的子女补习课业……除了"正式"的房租之外,"非正式"的价格会慢慢地出现。正式和非正式的价格加在一起,再经过一段时间的调整,房子还是会租给那些愿意付出最高价格(偏好最强烈)的人。

市场里的机巧诡谲是不是对"一人一票"有些启示呢?

既然一人有一票,不论智愚贤不肖,因此,"投票"或"表决"的结果,几乎必然不能很精细准确地反映投票者偏好的强弱浓淡。为了突破"一人一票"的限制，偏好特别强烈的人当然会有意愿形成压力团体（利益集团），以共同的力量来影响选举或议事堂里的运作。而在议事堂里，代议士们身受选民托负，当然更要设法专注于自己选区所关切的议题。所以，代议士们会通过"选票交换"（今天你支持我关切的议题，明天我投桃报李）来突破"一人一票"的限制。当然，要"选票交换"的前提是议事场里有一连串的议题要讨论表决，好让代议士们有机会礼尚往来、拆东墙补西墙。这事实上也很深刻地反映了议事堂和代议士的重要性：由一般选民来"选票交换"成本太高，因此，人数较少、各有所长的代议士们能更有效地汇集信息，再根据选民的偏好来形成政策，以保障选民的福祉。

"一人一票"当然不见得是最好的方式。但是，"一人一票"的缺失也不见得像一般人所认定的那么多。聪明的"人"总会想得出办法来挣脱局限、自求多福！

像买汽车一样简单？

民主政治常被讥为是"庸人政治"。这倒不是说被选出来的议员和首长都是鸡鸣狗盗之徒或贪赃枉法之流（虽然有些人认为事实确是如此）。"庸人政治"主要是指大多数的选民都不会用心去搜集信息之后再投票，或注意议会里的议事——反正由我这一票决定胜负的机会微乎其微，我一个人对代议士的影响也有限。一人之心，千万人之心也。人同此心，心同此理的结果是选举和议事的过程都很粗糙。

可是，话说回来，如果每一个人的那一票都轻如鸿毛，为什么还是有相当比例的选民会不厌其烦地去投票呢？

对于这个"投票谜思"，政治学者尝试从各种角度来解释。其中较为一般人所接受的有两种观点：一是认为即使投票要花时间精神，而且自己的一票不过是沧海一粟，但选民还是会基于一种"社会责任感"去投票。所以，在已经上轨道的民主社会里，每次选举总有不差的投票率。第二种解释是认为投票过程本身就很有趣。穿上漂亮的衣服，沿路欣赏风景，到投票所之后还可以和识与不识的人聊天，这些都是赏心悦目的事。所以，最后投下的一票不过是整个过程的一小部分而已，吸引选民去投票的主要是其他的部分。稍微想想，在选民中有很多退休者和高龄者的社会，这个理论或许有点解释力。但是，在其他社会里，这种观点似乎有点倒果为因、轻重错置。

曾经得过诺贝尔奖的经济学者斯蒂格勒的解释倒是见人所未见，颇有启发性。他认为投票不过是整个选举过程的一部分，选举从组成后援会开始，有提名、政见发表、和对手辩论、宣传、拜访选民等一连串的活动。在这整个过程里，选民会反映各种片断琐碎信息，这些信息不断地以各种方式接触、交换、精炼，候选人也跟着不断地做调整。

这有点像市场里消费者反映好恶一样。消费者对于汽车经销商摆在橱窗里展示的车子可能不满意，因此会评头论足、臧否置喙一番。经销商就会把这些点点滴滴听来的意见转给生产部门，或迟或快这些意见都会慢慢地出现在以后的设计里。因此，个别看来，消费者表达偏好可能效果不大，但累积之后，就会对厂商的作为产生长远的影响。选民投票也可以作如是观。重要的是在整个过程里，选民的好尚可以通过各种管道传递给候选人，而候选人也会有所因应。选民和候选人之间的互动促使选举制度生生不息，而且这种互动的结果就长远来看比较能满足选民的偏好。

斯蒂格勒所描述的当然是一个已经上轨道的民主社会。对于一个正朝民主法治方向摸索颠踬的社会而言，选举过程是不是还有更重要的功能呢？投票是不是也有更深刻的意义呢？

公民投票好吗？

在讨论社会改革时，经济学在理论上往往要求新的措施必须是对"所有的"社会成员都有利（或无害），要不然就不算是"改善"。如果以表决的方式来看，这等于采取的是"全体一致决"：要每一个人有利无害才会每一个人都赞成。也许有人认为要全体同意很不实际，但是，以牌局为例，除非每个人都同意游戏规则，要不然就玩不成牌。所以，就观念上来说，全体同意并不是那么不可思议。

其实，要求任何变动或改革必须让所有的社会成员都"有利或无害"还有更深刻的含义。因为，如果不这么要求的话，很可能这些措施会在增加了某些人福祉的同时，却使另一些人的福祉受损。即使受益的是大多数人而受害的是极少数人，可是，谁愿意当那少数人呢？谁应该当那少数人呢？进一步地想，即使可以通过某种方式（譬如说抽签）来决定哪些人是这（极）少数的倒霉鬼，又有谁可以判定他们受的苦楚一定比大多数人享受到的好处来得少呢？苦，有重于泰山；乐，有轻于鸿毛。除非自许为"神"，要不然有谁能把人与人之间的苦和乐做比较呢？因此，虽然对所有的人都有利或无害可能是空想，学理上的讨论还是不愿也不敢做其他的取舍……

即使"对所有的人都有利无害"是不切实际的目标，但这个观念却也反映出对每一个单独、渺小个体的尊重，没有任何一个人的福祉是可以被忽视或被牺牲的。然而，在现实社会里，众人之事的取舍多半以"多数决"为准，而这种方式总会损及某些人的利益。政治上的事一经决定，就具有强制性和普遍性。每一个社会成员都会受影响，没有人能置身事外。因此，为了保障可能受害者的权益，政治过程里民意代表会在各级议会里广泛地合纵连横、协商妥协。这么做显然要比单纯地数人头、以量取胜好得多。

由这种观点看来，是不是由全体公民参与的公民投票在民主政治的过程里没有一席之地呢？也不尽然。民主社会是由很多个渺小的个人所组成，大家在行为上遵循一套共同的规章。这套规章就是宪法。当初开国元勋生而逢时，经过协商之后众议佥同地签订了要传之久远的宪法。因此，这些人对宪法的支持是毋庸置疑的。可是，对后代子孙而言，他们出生时宪法已经存在。他们本身不再是社会契约（也就是宪法）的签约者，也不见得满意原先制定的条款。这时候社会成员对宪法的支持只能从"默许"的角度来解释：大家默认（或是追认）先人所签下的契约。可是，当初订下的条款在时空递移之后可能已经和现实脱节，代议制下党派运作、上下交征利的结果，可能变成少数约制多数，也可能有弱势团体的福祉持续地受到忽视或压抑。

当沉默的大多数或感受强烈的少数在正常渠道里投诉无门时，如果有人能登高一呼，确实可能唤醒众人，而可以借着公民投票来促成对社会契约（宪法）的修改。这也就意味着个人永远可以在揭竿而起之前，跨越所有正常渠道而直接地诉求于社会大众。所以，就这层意义上来说，公民投票可以说是民主宪政的"安全瓣"。安全瓣的消极意义是提供社会成员寻求改革的最后手段，但是积极的意义，则是在于它能诱发民众对社会契约更坚定的支持。

解决众人之事的手段和方式当然不胜枚举。公民投票是其中之一，有它的一席之地，也仅有一席之地。过度地强调或贬抑公民投票都显然无益于解决众人之事。

没有保证书的世界

选举过后几天，除了公交车车厢上和人行道上残留的竞选标语还勾起一点联想之外，竞选时的攻讦漫骂、当选后的铭谢保证，似乎都已经很遥远。谁当选、谁落选好像跟绝大多数的人都没有关系。大家的生活秩序又渐渐恢复常态。比较犀利的人甚至还语带嘲讽地质疑：所谓"民主政治"，不过是两党自己在瓜分利益而已；得到好处的只是少数人，社会上大多数人的福祉并没有受到照拂……

真的是这样吗？民主政治真是少数人的"游戏"吗？或者说，民主政治"应该"照顾到大多数人的利益吗？

这真是个值得深思的问题。仔细想想，其实民主政治只不过是一种众人做决定的方式而已。这个方式包括"一人一票""代议制""均权制衡"等等。可是，这些只是硬邦邦的"做法"，并不能保证结果一定会如何。在逻辑上，没有任何理由能证明民主政治一定能增进大多数人的福祉。在实际的世界里，多的是徒有民主政治形式，但总是少数人享受、多数人吃亏的例子。印度是公认民主程度很高的一个国家，但不管谁当印度总理，大多数民众还是终其一生贫困匮乏。因此，民主政治的做法只是形式而已，并不等于实质内容，更不保证结果。

这么看来，民主政治既然不（一定）能造福大多数的人，是不是还有更好的方式可以取而代之呢？这当然是很有挑战性的问题，事实上已经有数不清的人在脑海里盘桓琢磨了数千年。但是，在找到另外那种更好的方式之前，比较有意义，也比较重要的问题是：我们怎么样可以使现在的民主政治变得好一点？

虽然民主政治在形式上包括"投票""代议""制衡"等，但更重要的是这些做法背后所隐含的一套密密麻麻、环环相扣的关系网。一个公民除了投票之外，还在很多方面参与公众事务。他（她）会参加各式各样性质不同的公益性社团，会尽义务，也同时分担责任。他（她）也会缴税、会抱怨、会读者投书、会写信或打电话给民意代表。他（她）也会为那些能反映和争取自己利益的利益团体或政党出钱和出力。这些琐琐碎碎、微不足道的言行涓细积累之后，就构成民主政治背后的"关系网"。唯有这个关系网的各个环节都能活泼生动，各种利益都能通过这个关系网慢慢地流通汇集，民主政治才比较可能保障多数人的福祉。

就我们这个社会而言，在过去的"威权体制"下，民主政治形式上的意义重于实质上的意义。但是，"威权体制"也隐含着有（极）少数的人借箸代筹地"帮"民众算计、规划。不论是剥削、欺压，或育民、养民，总有人"替"大家做事。威权体制解体之后，现在大家要自己为民主政治的架构填进实质的内涵。没有人会再为我们解决问题，我们必须自己负起责任来解决自己的问题。由这几年的经验来看，这显然不是一蹴可几的事。社会能不能度过这个学习摸索的阶段而成熟丰硕，谁也不能保证！

乔安·格林伯格《玫瑰园》这本小说里借着弗雷医生说了这么一段话："我从未许诺你所谓'绝对的公正'……我从未应允过谎言，而那玫瑰园圃的完整世界是一种欺骗……也是一种纷扰。"如果把这句话里的"玫瑰园圃"换成"民主政治"，可能刚好反映我们对民主政治可以有、应该有的心情……

第十四章　法律与经济碰撞出的火花

经过长时间的累积和过滤，社会科学的各个学科都提炼出一些很深刻但很平实的"智能"。这些智慧可以而且应该为其他学科的学者乃至于一般人所了解、所分享。如波斯纳认为：对于美国宪法，无论从哪一种角度解释，法官和学者都不能再忽视经济学对人性和人类行为的分析，因为经济学对人类自利的行为有非常深刻的体会。

皇后的情怀

开学没多久，我在上大学部的课时提到：经济学可以说是一种世界观，是以特定的符号和术语来观察人的社会；透过经济学的分析，我们对人类活动社会现象能有很深刻的认识。有位同学举手问：经济学号称是"社会科学之后"，经济学者又往往认为经济学足以解释一切，这是不是太霸道了一些？

说来有趣，这种问题我每年总要碰上一次，而且都是大学部的学生提出来。研究所的学生或许已经被洗脑，或是身不由己、多言无益，反而从来没有类似的质疑。

几年前刚碰上这种几乎是有点挑衅意味的问题，我回答时总不免在情绪上有些急切激动。经过几年的历练，现在可以不愠不火地说出一番道理……

两百多年前，当经济学刚萌芽时，关心的主要是市场活动、对外贸易等的"经济问题"。从一个旁观者的角度，亚当·斯密体会归纳出一个很重要的定理：在交易时，买卖双方不必去为对方的福祉操心，只要各自在乎自己的福祉，通过交易，买卖双方的福祉都会增加——要不然你何必买，他又何必卖。因此，这个定理的启示是社会应该尽可能地鼓励市场活动，好让大家都能经由市场里自愿性的交易而追求和增进自己的福祉。

随着市场活动的发展和技术的进步，市场交易所创造的利润愈来愈多，而利润更诱发更多的经济活动，因此，利润就像雪球一样愈滚愈大。经济活动愈频繁，经济分析也日渐严谨，经济学的地位也就水涨船高。经济学者的自信（自满）当然有以致之。

最近三四十年来，经济学者更开始伸出他们的触角，用他们所熟悉的分析工具去探讨过去一直属于其他社会科学的问题。经由经济学者的分析，对政治、社会、法律等领域里的问题，可以说都有新的认知。举例而言，就连"宪法"这一个专题，经济学都已发展出一门自己的"宪法经济学"。譬如，宪法里往往明订国民有受义务教育的权利。宪法学者会认为这是对基本人权的保障，理所当然。但是，经济学者会进一步地问："义务教育"是指幼儿园，小学，中学，高中，还是大学？政府是只提供教育给中低收入者，其他的人可以各取所需，还是要一视同仁？教材内容呢？教学质量呢？既然所有这些实质问题都隐含经费的支出，而经费的来源是人民所缴的税捐，那么，一般民众到底愿意负担多少的税负来实现国民有受义务教育的权利这个理念？这显然已经不再是单纯的"法律问题"，而不得不（或必须）从经济层面来思索处理。

这么看来，经济学对其他社会科学的"侵犯"，除了智识上的兴味之外，事实上还有更深一层的意义：人类活动的各个面向本来就彼此牵连，环环相扣。经济学家以他们所发展出的工具来分析"其他问题"，是希望能和研究这些"其他问题"的学者有彼此冲击和激荡的机会。彼此截长补短之后,才可能对"人"的问题有更深刻的了解。否则,各个学科在自己的领域里踽踽摸索,不就像是盲人摸象一样敝帚自珍吗?那样能对复杂多变的"人"有多少的掌握呢?

发问的同学脸上露出半信半疑的表情,我忍不住加了一句:希望大家能多到其他系去修课,自己去体会比较一番,然后再判断经济学到底是很霸道还是很厚道!

权利的代价

当鲁滨孙漂流到孤岛上时,他可能很孤单,但是他很自由。他可以为所欲为、从心所欲。星期五出现之后,如果他把星期五看成是一只(可能是比较凶的)猴子,他还是可以依然故我、随兴所至。可是,如果他把星期五看成和他自己一样的一个"人",他的世界就再也不一样了!

两个人生活在同一个岛上,一定多少会影响到彼此。鲁滨孙和星期五也许都不再能尽兴地吃岛上的蔬果,也许必须忍受彼此的鼾声。但是,如果两个人通过协议,一起织网捕鱼、一起搭建房屋,那么,显然两个人都能拥有和享受远比以前多得多的"权利"。

现代社会当然要比鲁滨孙和星期五的世界复杂得多,但是,在本质上其实并没有太大的不同。私人之间可以通过"协商"而达成"交易",双方的福祉都因而增加。社会大众也可以通过代议制度的折冲转寰，借着通过"法案"来保障或是创造一些"权利"，因而增进大家的福祉。譬如，通过防治空气污染的法规之后，民众（比较）可以免受废气沼气臭气毒气的侵害。制定十二年义务教育的法规之后，民众也可以享有比以前更优渥的义务教育。

然而，为了维护或实现这些法规所界定的"权利"，社会必须动用资源，也就是要花钱。监督、取缔、告发以及执行违反空气污染的规定要花钱。延长义务教育年限需要增设学校、增聘师资，也都需要钱。为了享有这些"权利"，你我愿意付多少钱呢？空气愈干净、教育质量愈好，所需要耗费的人力物力就要愈多。既然钱是由你我身上出，我们愿意花多少钱呢？

由法规来界定"权利"更根本的问题是，这些法规在保障和增进（可能是大部分）社会成员福祉的同时，也损害了另外一部分人的福祉。因为法规有"普遍性"和"强制性"，违反规定就要受到处罚和矫正。所以，凡是好尚取舍和法规不同的人都受到侵害。我可能认为目前空气污染的程度还可以忍受，经济成长更重要。我也可能认为九年义务教育已经足够，再多三年是愈益反损。（如果我自己没有子女，可能会更反对延长义务教育年限！即使我有子女，也许我希望他们受完九年义务教育之后去拜师学艺，成为艺术家！）

为了维护、保障、实现法规所界定的"权利"，需要动用人力物力。这是有形的成本，容易衡量。法规对权利的界定往往侵害了（也许是一小）部分社会成员的福祉，这是无形的成本，很不容易估量。一个社会是不是根基深厚，是不是能绵延茁壮，或许就看这个社会能不能运用智慧、技巧，让这两种成本愈小愈好……

法律的功能

波斯纳教授是一位非常特殊的经济学者。他受过法学和经济学的双重训练。现在除了担任美国巡回法院的法官之外，还致力于学术论著。他在1973年出版的《法律的经济分析》已经是经典之作，流传很广。

在这本近六百页的巨作里，波斯纳开宗明义地指出：法律的功能在于促使社会大众能尽可能追求自己的财富，因为物质财富能使人们有更多的自由、能实现更多的梦想。所以，一言以蔽之，他觉得法律的作用应该是在于实现"社会财富极大化"。

"财富极大化"的观点当然引起很多争议。波斯纳自己的解释是："财富极大化"是介于"效用极大化"和"个人自主"这两个极端之间的权衡。因为，虽然过去学者所信奉的"效用极大化"在观念上确实比较合理，但是，要具体地实现"效用极大化"这个观点，在做法上会有很多问题，而且往往导致很奇怪甚至是很荒谬的结果。譬如，既然要求效用极大，显然就要在人与人之间比较每个人的效用高低。可是，怎么衡量一个人的效用呢？而且，如果社会上有一些人能从消费中得到远超过其他人所能得到的快乐和满足，是不是就该让这些"效用怪物"享有社会里全部的资源呢？同样的观念，如果有一只羊所能享受的效用大过于一个小孩子，社会是不是就应该舍小孩而就羊呢？如果一个犯人宣称，他从犯罪中所得到的效用远大于受害人所损失的效用，他是不是就有权利去侵犯别人呢？因此，效用主义在实际运用上意义有限。

和"效用极大化"刚好相反的，是强调"个人自主"的观点：因为在人和人之间比较效用高低的意义到底如何，是很令人质疑的，所以，法律的功能就应该是维护和保障个人完全的自主。每一个人可以根据他的自主权，去追求他的福祉。可是，波斯纳认为，对个人自主过度的保障，会造成每一个人为所欲为，社会秩序可能因此而瘫痪。因此，法律的功能，就是在尊重个人的基础上，设法增加社会的财富。当两个人的行为彼此发生冲突时，就可以依"财富极大化"的准则，来判断权利应该如何赋予。而且，当社会的财富增加时，不只是直接受到影响的人福祉能增加，社会上其他的人也能间接地享受到好处。

这个观念，可以说正是经济学的精髓：通过市场的交易，不但买卖双方的福祉增加，其他的人也间接地分享到好处。譬如，农人花了十块钱的成本生产了一斤的橘子，然后以十五块卖给消费者。消费者从橘子得到的享受可能值二十块钱。所以，在这个生产交换的过程里，有额外的价值被创造出来。而且，不只买卖双方都得到好处，社会的财富也因而上升。农夫还会把赚来的钱花在别的用途上，让其他人有利可图。另一方面，消费者吃了橘子而身体健康，精神饱满，工作更勤奋。因此，社会上其他的人也间接地享受到这桩交易的好处。法律的功能，就在于促使这种自愿性的市场交易频繁活络。

波斯纳不畏众议地提出"财富极大化"的论点,可以说相当有勇气。在相当的程度里,这种论点也很有说服力。但是,对于人类复杂多变的行为,要用某一个法则一以贯之地论定,事实上很困难。譬如,如果在医院里换肾的等候名册是以年龄或等候时间的长短排出优先次序,而不是根据手术成功率或愿意付多少钱来决定,那么,当有人提出诉讼,认为医院所定的规则违反"财富极大化"的准则,法院要怎么取舍?

有很多经济学者认为,以波斯纳用功之勤、著作之多、影响之大,早晚会得诺贝尔经济学奖。也许是吧!不过,在他得奖之前,恐怕还要说服更多的人接受"法律的功能是在求社会财富极大化"的这种价值观。

是非之外

常有人感叹这是一个是非不明的社会。然而,如果是非"已"明,是不是就没有问题了呢?

《时代》周刊里曾有一则报道:位于美国北卡罗来纳州的一处鸡肉加工厂前一年发生火灾,烧死了二十五名员工。事后调查发现,工厂里竟然没有灭火的自动喷水龙头,安全出口也多被锁死。所以,当传送带破裂,易燃的液压起火蔓延时,这二十余位员工——多半是妇女和黑人——等于是坐以待毙。

工厂老板俯首认罪,被判处有期徒刑十九年又十一个月。对那些无辜受难的家属而言,把老板送上电椅犹不足惜。但是,和其他违反"工作安全规定"的判决相比,二十年可是非常非常严厉的惩罚。主审法官判出这么重的刑罚,是认为被告罪有应得呢?还是要杀鸡儆猴,借这个事例提醒其他所有老板要注意自己厂房的安全设施?主审法官到底用意何在?

写过《法律的经济分析》和《正义的经济学》这两本书,本身也是法官的波斯纳教授曾经撰文,讨论美国司法体系里法官对宪法解释的两大传统——"条文主义"和"精英主义"。恪守条文主义的法官、学者认为,宪法是开国元勋深思远虑、折冲尊俎的结晶,而且经过严谨的签署程序,得到全民的认可。宪法是维系美国社会延续的支柱。因此,法官判断裁决时,必须切切实实地遵照宪法条文,丝毫不能凭自己的想象而主观认定。否则就是违反了全民所托付要捍卫宪法的重责大任。

精英主义的看法刚好完全相反:开国元勋殚精竭虑,为国家奠下深厚根基,确实令人景仰。但是,当时的时空背景和两百年后的现实情况相比,相去岂止千万里,既然时空环境不同,当然也就没有必要食古不化地紧抱着条文不放。重要的是掌握当初的"立宪精神"。因此,法官和学者们就应该审时度势,在现在的时空背景之下,以自己的深厚学养来重新阐释宪法,以维系民有民治民享的精神于不坠。

事实上,精英主义者的自我期许还不止于此。他们认为,当初的开国元勋在规划美国宪政架构时,对于未来政治运作和社会秩序都有崇高的理想。在制定宪法时,可以说是高瞻远瞩、精英式地为民众筹谋。因此,现在的法官和学者也应该负起类似的责任:在阐释宪法时可以也应该精英式地指引方向、开创新局。

波斯纳教授自己的想法是介于"条文主义"和"精英主义"这两个极端之间。他觉得，拘泥于条文有时候会变成以辞害意，但是，另一方面，精英式的作风也有"擅自立法"的危险，所以折衷的取舍比较好。此外，他提出一点新的见解。他认为，无论从哪一种角度解释美国宪法，法官和学者都不能再忽视经济学对人性和人类行为的分析，因为经济学对人类自利的行为有非常深刻的体会。所以，如果能从这个角度来认知宪法，那么，不但在阐释条文上更能领略当初开国元勋的深意，在不得不要另创格局时，也不至于一厢情愿地以道德情怀来论断是非，而可以道不远人地以平实的宪法解释来诱使人民诚实而自在地追求自己的福祉。

波氏的观点当然很有启发性。可是，一旦落实到具体的事例中，要在条文、精英、人性这些观念之间找出平衡点，显然不是那么容易。因为违反工厂安全设施的规定，而在意外发生时间接地造成二十五条人命，这当然是犯错有罪，但是，判二十年的刑期是不是太重呢？还是太轻？

也许，由个别案件上不太容易判断，把时间拉长后再从一连串的判例中比较容易看出一个趋势。或许如此。但是，在这个过程中那些个别事件当事人的权益呢？他们的权益应该成为试验、摸索的"工具"吗？我想哪天我应该找出波斯纳教授自己的判例来研究一番，看看聪明如他者是怎么想的。

做事情的方法

前一段时间有位著名的美国学者到系里演讲，他开宗明义地点出主题，他将要阐明的道理其实很简单，就是这么一句话——"如果台面上有钱，就会有人在桌面下想伸手去据为己有"。然后，他花了一个半小时，用很多数学式子来探讨一个很具体但并不简单的理论性问题。他最后的结论是：在观念上很简单的事，在具体的事情上就不一定如此。

这个结论虽然不一定能算是"定理"，但可真算是智慧的结晶。

在18世纪末叶，美国西北部的森林已经砍伐殆尽，所以伐木业开始往南移动。既然砍伐和运送都要靠机器设备，也就需要大笔的投资。因此，经营的规模一定不能太小，只有靠大片大片地砍伐才能有利可图。可是，这些森林都是国有，必须要先申请承购变成私有，然后才能砍伐出售。

伐木公司当然希望拥有的林地愈多愈好，而且很乐意付钱向美国政府承购——因为每英亩才一块二毛五美金，便宜得很。但是，法律明文规定，为了实现人人机会均等、土地普及化的目标，每个人最多只能申请承购一百六十英亩的林地。

这就有趣了，一百六十英亩对一个人来说绝对不算小，可是，对砍伐业者来说，却根本不足以维生。但是，一方面，法令限制业者不能超额承购；另一方面，木材市场的需要很大，伐木绝对有利可图。怎么办呢？

山不转，路可以转。豪取不成，巧夺就是了……

伐木业者找来一些"猎木人",其余的就靠猎木人表演了。他们先四处寻觅,选定一些木材最好、最值得开采的区域。然后,在这些区域里稍做整理并且盖上简单的木屋,以符合承购规定。再来是找一大群人头,由这些人头个别出面向政府依法申请承购土地。猎木人当然要给这些人头一点甜头,也要打点主管官署里的上上下下。等申请核准下来之后,猎木人再把人头承购的土地转卖给砍伐业者。林地原来每英亩一块两毛五美金,一百六十亩不过两百块美金。可是,经过这一连串的曲折,到业者手上时已经是一英亩一千一百余元。平均每英亩七块钱。

最先的法定价格只占最后成交价格百分之二十不到,中间百分之八十左右的差额都被打通关节"利润均沾"掉了。然而,即使成本大幅度地垫高,砍伐业者还是有利可图。只是赚得少些罢了。

有趣的还不只是这整个"假承购、真套利"流程的曲曲折折,更有意思的是另外的发展:当初立法的用意是要扶植每户一百六十英亩的拓荒者,而且确实有一些人在承购林地之后自力更生。可是,因为面积太小,不合经济规模,这些人往往最后还是把林地卖给林业公司。所以,不论是经过猎木人的居中牵线,还是拓荒者的波折,林地最后还是落在砍伐公司的手里,由他们来利用。那么,反正最后结局是一样,为什么不一开始就直接开放给林业公司砍伐呢?经过猎木人的撮合,不但使成本大幅度增加,更破坏执法人员的操守,侵犯法律的权威。经过拓荒者的折腾,更只是耗费一些人力物力而已。如果一开始就让这些砍伐业者放手去砍,不是可以省下其余这些资源"不必要"的浪费吗?

绕了一大圈,最后还是回到原点。这想来有点可笑。然而,不要忘记,这是后见之明。当初立法所强调的"公平""机会均等",是得到广泛支持的。如果法令一开始就规定可以把林地无限制地配售给林业公司,能得到舆论大众的支持,能通得过立法机关吗?不过,从另外一个角度看,为了维持公平正义(的假象),又值得付出其他的那许多成本吗?

当台面上有钱的时候,总会有人在桌面下想伸手去拿。可是,要让谁去拿呢,是天下为公,还是捷足(手快)者先得之?

传教士精神

前一段时间应法律系一位老师之邀,到他的一门课上谈谈"法律经济学"的几个概念。当天我准时前往,发现在座的除了有二十多位研究生之外,还有三四位法律系的老师。

我用一些例子介绍如何从经济学的观点来分析法律。其中一个和"成本"这个观念有关:万一自己的车子被偷,总希望警察能帮忙破案,把车子找回来。可是,警察办案要耗费人力物力。既然不同水平的破案率隐含的是不同程度的人力物力付出,而这些人力物力又是由你我这级纳税义务人口袋里的钞票所支持,那么,我们希望偷车的破案率是百分之六十、八十,或百分之百?

这个例子一方面可以看出"权利"的背后一定有资源的付出。私有财产制的观念并不是绝对的。另一方面,权利的实质内涵最后还是要看一般大众愿意付出多少的成本。财产权的观念是相对的、是被决定的。

洋洋洒洒地讲了一阵之后，自己以为表现不错，对法律和经济的科际整合做出了一点点小小的贡献。

谁知道，数周之后听系里的同学讲，在修法律系的课时，任课老师提起了我的那一段发挥，而且颇有微词：正义、公平都是绝对的概念，怎么会是"相对的"呢？如果破案率定在百分之八十，难道是指警察破了百分之八十的案件之后，就停下来休息吗？

由学生口中听到这个二手传播，刚开始时我有点好气又好笑，后来则是有点感慨……

"百分之八十的破案率"当然不是指破案率达到百分之八十的时候就歇手休息，而是指不同水平的破案率需要不同数量的人力物力投入。如果台北市只有一个警察，偷车的破案率显然是零。如果动用所有的警察来追缉偷车，破案率可能会超过百分之九十。既然投入多少警力要看警务预算的多寡，那么，对于纳税义务人而言，关键就在于我们愿意缴多少的税、维持多少的警力。公平和正义的背后需要实质资源的支持，而资源的多少当然就直接影响到能够实现多少的公平正义。这就像举办拳击赛时的分级，如果有充分的人力物力，也许可以根据参赛者的体重和年龄分出六个或九个量级；如果场地、设备、裁判、经费等资源不足，也许只能分出三个或两个量级。公平正义的程度当然和资源的丰啬有关。

我觉得这是很平实简单的概念，一点就明。没想到却引起南辕北辙的误解，甚至还可能加深了学科之间的隔阂。事实上，这种其他社会科学学者以及一般人对经济学的误解所在多有。对我而言，这不是第一次，大概也不会是最后一次。

对于社会科学的研究者而言，既然我们所探讨的对象是人的行为，那么，经过长时间的累积和过滤，各个学科都提炼出一些很深刻但很平实的"智能"。这些智慧可以而且应该为其他学科的学者乃至于一般人所了解、所分享。就经济学而言，过去是探讨人类行为里和"金钱"有关的那一部分。后来，经济学者发现，人就是人，人在和金钱有关的行为上所展现的特质，其实也反映在其他的行为上。因此，经济学的体会可以由狭隘的"金钱交易"扩展到人行为的其他面向，"法律的经济分析""政治的经济分析""经济社会学"，都是成果丰硕而且日新月异的领域。所以，不只是经济学者值得像传教士一样四处宣扬教义，其他的社会科学研究者也应该走出自己的领域，向其他学科的学者和一般人"传教"。

也许，哪天我应该请那位法律系的老师到我的班上来谈一谈他的世界观，我也可以再向他鼓吹一下经济学的福音！

第十五章　经济学到底是什么

科斯谆谆提醒经济学者：(永远)不要忘记，经济学所研究的主角是活生生的人，是有血有肉、会哭会笑的人，而不是由抽象的数学符号所代表的那个"假人"！那些符号、数学只是用来使分析简单一些，使推论能够有迹可循，是工具而已，而不是目的。

经济学的本质

多年前我还是大学生，有一个学期刚开始，老师在第一次上课时问："你们已经读了两三年的经济学，依你们看，经济学的本质到底是什么？"

我自恃平时多看了两页书，就自以为聪明地说："是'选择'。"老师瞄了我一眼，似乎因为原来蓄积的悬疑一下子被点破，脸色稍微有些失望而不太自然。不过，他还是很有风度地从容道来经济学的本质。

当一个人在面临有限的资源时，必须做一连串的选择使自己的福祉愈高愈好。因此，在固定薪水的这个限制之下，个人就要决定怎么样把钱分配到衣、食、住、行、育、乐、储蓄和投资上。同样地，学生毕业要就业时，最多只能拥有一个全职的工作。所以要精挑细选自己最能胜任、待遇又好的工作。而且，在现代工商社会里，有太多的事可以做，太多的兴趣可以培养，也有太多的信息值得追求，可是每一个人一天都只有二十四小时。因此，时间几乎变成现代人最大的限制，每一个人都要选择最好的方式来运用有限的时间。

老师讲得好，恰合我心。"经济学的本质是选择"的这个信念就一直跟着我，大学毕业、读研究所、自己教书研究。将近十年的时间我对这个观点深信不疑。直到开始接触公共选择学派创始人、1986年诺贝尔经济奖得主布坎南的论述，才觉得视野大开，好像心智上经历了一次透彻的洗礼。布坎南对经济学本质的阐释不太一样，他的看法非常生动有趣。

如果世界上的人都散布在一个一个的孤岛上，各自独立为生，彼此不相往还，那么，是不是就没有"经济问题"了呢？当然，就某种意义上来说，还是存在着经济问题。在这种情形下，一个个的鲁滨孙都要决定怎么样运用自己的时间、体力、智慧来解决各自的生产、消费、储蓄等问题。但是，虽然这些个别的行为也有它们本身的兴味，它们的意义当然很有限。因为每一个个人都自成一个小的体系，不和其他人发生关系，所以没有"交易"，也不会形成组织、制度或专业化的分工。这种由鲁滨孙们所构成的世界很难说是一个"人的社会"。

在一个"人的社会"里，一个人付出体力智慧得到报酬。这是一种交换。一个人也可以透过市场的买卖而得到自己希望有的商品，这也是交换。而且，进一步地想，个人缴纳各种税捐，放弃一些自己的自由，然后换取其他人也缴纳税捐，也放弃一些自由，使得大家都得到公共服务，大家的自由都得到保障。这是更高层次的一种交换。

不论是哪一种"交换关系"，参与的人都会因为交换而增加他自己的福祉——要不然他大可以不参与交换而自求多福。因此，经济学的本质就是对各种"交换关系"的探讨。而经济学者的任务,除了对经济学本质的探讨之外,也在于试着找出改善的空间,以增加交换关系所能带来的福祉。而且,不论把经济学的本质解释成是"选择"或"交换",都隐含着对"个人"绝对的尊重。个人可以凭他的理智和判断,做出他自己认为最好的决定。没有任何人可以"以人为神"地替他人做决定,或者强把自己的偏好加之于别人的身上。

现在我自己上课时,并没有问同学经济学的本质是什么。也许是我担心同学答出"经济学的本质是交换"时,我的表情会变得不太自然。不过,也许是我还在探索其他可能还有的,对经济学更根本、更深刻的解释吧!

画家与经济学者

最近有几次到校外去演讲的机会,谈的都是经济学的一些基本观念。演讲快结束时总是请听众自由发问。有趣的是,几乎每次都有人问最近股市走向如何、两岸经贸关系展望如何、外籍劳工对经济的影响如何等问题。而我几乎都只好据实以告:我对这些问题没有特别深入的研究,所以帮不上忙,很抱歉!

事实上,除了些许的歉意之外,我几乎总是有一丝遗憾……

一位画家除了能涂抹出深刻的艺术作品之外,当他在家里刷墙壁和抹地板时,一定也能不同流俗、匠心独具地挥洒自如。同样地,作为一个经济学者,除了专业范围之外,在日常生活里的大小事情上,或许真的比一般人"算得清楚"。譬如,因为时间可贵,所以我很少一次做一件事:去吃午饭时,往往顺便把衣服拿去洗,到银行提款,再到文具行带点文具。而且,因为对"折现率"比较有概念,所以,看事情时除了眼前的考虑之外,往往也会注意到将来的后果。可是,就像画家刷墙壁可能比一般人刷得好一样,经济学者在这些生活琐事上处理得比一般人好一些,不过是拿着牛刀去杀鸡。经济学的内涵当然不于此!

经济学发展两百多年以来,得到最大的体会就是:人会想尽办法去增加自己的福祉。在市场里,买东西的人想买到最甜的水果、最漂亮的衣裳、最棒的音响,卖东西的人想赚最多的钱。但是,买卖双方在彼此利益冲突的情形下,通过自愿性地交易,(竟然)能均蒙其利地皆大欢喜。而且,从历史上看,市场活动愈频繁、市场范围愈大的社会,往往也就是一般人生活水平和教育程度愈高的社会。然而,从另外一个角度来看,市场竞争所隐含的优胜劣汰确实可能会有富者愈富、贫者愈贫、弱肉强食、不患寡而患不均的现象。因此,经济学者的主要工作之一,就在于探讨市场的特性,希望能更清楚地掌握市场机能的优点和局限。

经济学者的另外一项主要工作,是跨出对市场的探讨,而开始探究人类社会追求福祉的其他方式。在市场里可以买得到奶油、面包、随身听,但是,市场里没有国防、治安。在民主国家里,国防治安这些问题是通过选举和代议的方式来解决。既然人们在市场里买奶油面包是为了增加自己的福祉,在政治过程里"买"国防治安也当然是为了自求多福。所以,经济学对于人类行为的探讨自然可以而且应该扩充到对政治过程的分析。

既然人在市场里会"自私和自利"地去选最甜美的水果,换到政治过程里，人还是人，人不会变成舍己为群、牺牲小我的天使。（有多少人愿意自己多纳税，好让别人少缴税？）利益集团会彼此声援勾结，然后慷他人之慨地损人利己。这可以说是民主政治很自然的发展。因此，经济学者的工作，就是在于研究政治过程里各种制度和规则的特性，希望能摸索出缺失较小、优点较多的安排。（中央集权和地方分权之间的平衡点在哪里？几个层次的政府最理想？）

不论是市场里的奶油面包或政治过程里的国防治安，人都是在做选择——选最好的、选最便宜的、选最耐用的。而选择的背后，事实上隐含的是"做比较"。经过比较，才知道哪一个西瓜比较甜美，哪一件衣服比较漂亮，哪一类税负比较公平，哪一种政治结构比较稳定。当然，"比较"的重点是在于要找出相关的材料来做比较，找出适当的取舍标准来做比较。经济学者的责任（使命），就是试着增加我们对"比较—选择"这个思考过程的了解，使我们在做比较时，能做"更好的"比较、追求更多的福祉。

比较起来，不知道是画家的知音比较少还是经济学者的知音比较少？

大学里讲的故事

朋友带他读小学的女儿到家里来玩。朋友在银行界工作，对我在大学里教书很有兴趣，想知道我在研究所里都教学生哪些东西。他的女儿依偎在他怀里，也好奇地看着我，似乎觉得我看起来不像是一个大学教授。

我稍微想了一下,然后告诉朋友和他的女儿最近上课时我讲了些什么……

古早以前有一群小朋友在马路旁玩耍,后来小朋友们看到路边有几棵果树,上面结满了色彩鲜艳的果子。小朋友就起哄要去采果子吃。但是,其中有一位举止奇怪的小朋友反对,他说,别浪费气力去爬树摘果子了,那些果子是苦的。别的小朋友不相信,就推派一位帅哥上阵。把果子摘下来之后,大家一尝,果然是苦的,就回过头来问当初有异议的小朋友,为什么他知道那些果子是苦的。

这个举止异凡的小朋友确实很奇怪,每次有人拿两个硬币,一个五元一个一元,问他哪一个比较大,要他选一个,他总是选一元的那一个。大家都笑他是个"笨小孩",竟然不知道五元比一元大……

"笨小孩"长大之后,赚了很多钱,家里雇了很多佣人。有一天家里一个很贵重的传家戒指不见了。"笨小孩"不知道是哪一个佣人偷的,就把佣人叫到一起说,马栏里最老的那一匹马通灵,可以找出小偷。大家要依次走到马的后面去,用手去拍拍马的屁股。没偷东西的人摸,灵马不会有反应,如果是小偷摸,灵马会踹小偷一脚。大家依次拍完马屁后,灵马并没有动静。可是,"笨小孩"把每个人的手拿起来闻一闻,然后指着其中的一位说,戒指就是你拿的。小偷吓得面色如土,屁滚尿流。别人都很惊异,为什么灵马找不出小偷,但主人却知道小偷是谁?

当然,我没有进一步解释,这一连串的故事其实都反映了研究所"信息经济学"这个课程里很重要的几个概念。如果路旁果树上的果子是甜的，早就会被路过的行人游客一采而光。因此，由"果子还在树上"就可以推断果子是苦的。这是信息的"萃取"和"阐释"。"笨小孩"认为一元比五元大，所以才源源不断地有"一展长才"的机会。如果他和常人一样地认为五元比较大，谁会傻到要拿钱送他。"笨小孩"设计的"诱因机能"使他能财源不绝。主人在马屁股上抹了一些绿油精，没有拿戒指的佣人放心地去拍马屁，所以手上有香味。偷戒指的人做贼心虚，不敢去摸，手上没有香味，结果自露马脚。因此，主人巧妙地借着绿油精而使小偷和其他的人各得其所，这是"分离均衡"。

朋友一向习惯我的奇谈怪论，所以没作声。朋友的女儿却满脸狐疑地说：他们老师最近也讲这几个故事给他们听，为什么在大学里还讲同样的故事？

我倚老卖老地说："等你长大就知道了。"我没再告诉朋友和他女儿，最近我为研究生的资格考出题，有一题是关于猴子吃果子的故事，我问学生"朝三暮四"或"朝四暮三"哪种比较好。我没有讲，因为我怕讲了会更严重地破坏大学教授在小女孩心目中的形象！

价值的蜕变

一个世纪的时间对自然界的变化而言，可能只是吉光片羽。可是，对人而言，一百年之间足可以累积出可观的经验和智慧。

1995年是英国著名的刊物《经济论丛》发刊一百周年。为了庆祝和纪念这个里程碑,《经济论丛》发行专刊。里面除了有英国女王的祝贺函之外,主要的是邀请五十几位世界各地著名的经济学者,请他们回顾经济学过去一个世纪的成就,检讨现在的处境,并且评估经济学在之后一个世纪里可能的发展。

这些学者里包括好几位已经得到诺贝尔奖和可能得诺贝尔奖的。大师出手,确实不同凡响,每一篇都有发人深省的地方。不过,虽然各篇的角度不同,这些学者对经济学的省思也许可以以诺贝尔奖得主弗里德曼的文章为代表。

弗氏由《经济论丛》的本身来看这一百年的变化。他指出两点明显的特色。第一,虽然在过去一百年里科学技术的变化非常大,经济学家所处理的问题也与时俱进,但是,在本质上,经济学所探讨的问题并没有太大的变化。生产、消费、分配等问题依然是经济学者关心的重点。第二,虽然最基本、最重要的那些老问题还是占据着经济学者的心思,可是,现在的经济学者运用数学的程度却已经远远超出一百年前、五十年前,甚至是二十年前、十年前的学者。

在《经济论丛》的前几期里,前前后后总共只有三个数学方程式,而且都不是在正文里出现,而是被放在批注里。早期的主编之一是大名鼎鼎的凯恩斯。即使他本身是非常杰出的数学家,可是却尽可能在撰述经济论文时不用数学。现在的情形可真是天壤之别,在最近几期的《经济论丛》里,百分之六十以上的论文都是以数学模型作为主要的分析工具。只有少于百分之五的文章完全没有数学。弗氏觉得现在经济学者对数学的依赖(迷恋)几乎到了有点倒客为主、走火入魔的地步——数学对经济分析的贡献不但早就"边际效益递减",而且是慢慢变成"边际效益消逝"。

对于浸淫经济学数十载、著作等身、在经济思想史上早有一席之地的弗里德曼而言,经济学"数学化"的程度也许确实令人忧心。可是,数学化也确实使经济学这门学科在传递和累积知识上方便了很多。如果比较美国和欧洲的经济学界,就可以清楚地看出来,最近二十年来经济学里重要的进展和突破,几乎都是由数学化程度较高的美国经济学界所成就的。相形之下,数学化程度较低的欧洲经济学界或者正急起直追,或者正慢慢地被摒弃于主流之外。

对于弗氏的省思和提醒,每个经济学者当然可以有自己不同的斟酌。不过,即使同意弗氏的见解,数学化这个现象隐含更值得思索的问题:怎么样才能停止数学化的这个趋势?怎么样才能调整方向?

既然经济学界里评定好坏高下都是以在各个学术期刊上刊载论文为标准,而上百种的这些学术期刊各有各的评审和编辑制度。所以,当数学化的趋势已经形成,在没有中央集权"一个口令、一个动作"的情形下,这个趋势事实上会继续下去。原因很简单,因为这些期刊主编和评审自己多半是以数学模型奠定地位、扬名立万,当然在文章取舍上会倾向于英雄所见略同地筛选出有类似特性的文稿。而且,这些目前在学术上掌握着生杀大权的各方重镇,本身在教学和指导研究生论文上,当然也会"照我的形象造人"似的坚持下去。在目前的时空环境里,不用数学的人连找到栖身之处都有困难,更不用说想要力挽狂澜、一校时弊。

（弗氏是得到诺贝尔奖之后，才提醒大家不要过度数学化！）

仔细想想，经济学发展的曲折事实上具体而微地反映了一个现代民主社会所经常面临的问题：在没有独裁权威的环境里，每个人都自求多福。可是，渺小的个人个别的行为汇总之后，却往往造成不好的结果。交通问题、金权政治，不都是现成的例子吗？因此，根本的问题就在于：当某种不好的价值出现时，怎么样才能让"比较好"的价值出现而且取而代之？

一百年后，当《经济论丛》庆祝创刊两百周年时，也许经济学者大体上还是探讨和现在一样的问题。不过，不知道那时候主要的"经济语言"会是什么？

只是益智游戏吗？

在大学里教经济学时，常有学生问：课本上讲的模型虽然漂亮，但是在现实社会里根本看不到模型所描述的世界；经济学家用一大堆数学、搞一大堆模型，到底对现实社会有什么帮助？这些都是好问题，事实上也是多年前我不断质疑自己的问题。

和其他的社会科学一样，经济学有非常实用的一面。譬如对公用事业定价的研究、对垄断厂商行为的研究、对税负分担的研究等等，这些研究的成果都可以直接地形成政策而具体发挥作用。至于理论性比较高的研究，虽然不一定能明显地看出实用价值，但是，在比较抽象的层次上来看，这些研究却不断地增加我们对人类经济活动的了解，使我们对人类行为有更深刻的认识。

当然，有些经济学家从事的研究可能终其一生都和现实社会脱节，所写的论文可能只有同行里的另外三五个人读得懂，可以说纯粹是在做"益智游戏"而已。但是，想得远一些，这些经济学者所从事的可以说是一种文化活动，而且是一种不辨菽麦的文化活动。在一个物资匮乏，一般人民还要为基本生活而奔忙的社会里，当然养不起这些不事生业的人物。然而，随着经济条件的改善，社会大众开始有钱有闲，就自然能慢慢"供养"一批以提供娱乐或艺术为生的人。这些人生产的东西不一定有实用的价值，但却能满足人们口腹之欲以外的需求。台北"故宫博物院"里大部分的珍藏可以说都是属于这一类。

当社会进展到更高的层次时，不但能维持具体的"艺文活动"，还可以进一步地让一部分人纯粹从事抽象的"知识性"活动。大学里的老师和研究单位的研究人员所做的（特别是在社会科学的范围里），就有相当的比例是属于这个范围。他们的研究成果点点滴滴累积成文化的资产。这些研究成果的价值很难衡量，一个社会应该有多少人从事这些活动也很难判定。但是，从其他国家的经验来看，经济愈发达、社会愈进步的国家，这一群四体不勤、不食人间烟火的人所占的比例就愈高。

台北"故宫博物院"里有名的"核桃船"（一颗核桃雕刻成巨细靡遗的一艘船）价值连城。可是，以现在的显微科技要大量复制大概也不难。所以，珍藏的"核桃船"到底有什么价值呢？仔细想想，也许那艘船上载负了千百年前数不清的人文荟萃吧……

答不出问题的学生

最近一次上大学部的课时,谈到"市场机能"和"政治过程"的差别:在市场里我们买牛奶、面包、衣服、鞋子;通过政治过程,我们决定要有多少的国防、教育、治安、交通。虽然两者的方式不一,但是,市场机能和政治过程可以说都是用来满足我们各种需要的工具。从另一个角度来看,市场机能和政治过程的运作也就会调节和影响社会里(人力物力)资源的流向。

解释过这两者的异同之后,我问在座的学生:除了这两种方式之外,社会上还有哪些"机制"会影响资源的流动?点名问了几个同学,都默然无声。我又问得更具体一些:就你自己而言,除了参与市场和政治过程的活动之外,在日常生活上你的行为还会受哪些因素的影响?又问了几位同学。还是笑而不语。

我只好以另外的问题来回答自己的问题:你和父母相处是属于市场活动还是政治过程?你一天里除了一点点的时间是花在"市场"里之外,其余的时间和别人交往时,不是会受到像风俗、习惯、宗教、礼仪这些因素的影响吗?这些和市场或政治过程有关吗?说完之后,我忍不住加上一句:你们好像都没有什么日常生活体验的样子,你们是不是还活着?

几十个学生听了嘻嘻哈哈地笑出声来,好像在安慰我,要我不要太激动。事后我自己想想,觉得虽然大学生的想法有点僵化而不知变通,但也不能全怪他们。我们为人师者恐怕要负相当的一部分责任。

1991年诺贝尔经济学奖得主科斯在受奖后发表演讲,他除了回顾自己对经济学的贡献之外,也提出对经济学现状的省思以及对未来的期许。他指出,当1776年亚当·斯密出版经典之作《国富论》时,是以他对实际经济活动的观察,体会归纳出一些深入平实的道理。两百多年来,经济学在理论和应用上都有长足的进展。但是,科斯发出警语,现在的经济研究却有愈来愈抽象、愈来愈脱离人们真实生活的趋势。经济学变成经济学者们自得其乐的益智游戏,而且只存在于这些经济学者的脑海里。经济学者们所描述的经济现象只能说是"黑板上的经济世界",和真实的世界往往是南辕北辙的两回事。

在讲辞最后,科斯谆谆提醒经济学者:(永远)不要忘记,经济学所研究的主角是活生生的人,是有血有肉、会哭会笑的人,而不是由抽象的数学符号所代表的那个"假人"!那些符号、数学只是用来使分析简单一些,使推论能够有迹可循,是工具而已,而不是目的。如果只是在符号算式之间做些令人目眩神摇的演算,那将是忘其所以的本末倒置。而且,那将是经济学画地自限、自绝于真实人生的开始!

我心里怪学生不用大脑。其实,我对他们又了解多少——我是不是也落在自己熟悉的世界而不自知!也许,我该多花点时间在他们身上,多听听他们的想法。免得情况变成是我不知道他们的所思所想,而不是他们不能领略我所想表达的。

图书在版编目（CIP）数据

不完美的世界：熊秉元经济学十五讲/熊秉元 著.— 北京：东方出版社，2018.9
ISBN 978-7-5060-9038-4

Ⅰ.①不… Ⅱ.①熊… Ⅲ.①经济学 Ⅳ.①F0

中国版本图书馆CIP数据核字（2018）第136882号

不完美的世界：熊秉元经济学十五讲
（BU WANMEI DE SHIJIE XIONG BINGYUAN JINGJIXUE SHIWUJIANG）

作　　者：	熊秉元
责任编辑：	许剑秋　王　端
出　　版：	东方出版社
发　　行：	人民东方出版传媒有限公司
地　　址：	北京市东城区东四十条113号
邮　　编：	100007
印　　刷：	北京汇瑞嘉合文化发展有限公司
版　　次：	2018年9月第1版
印　　次：	2018年9月第1次印刷
印　　数：	1—10 000册
开　　本：	880毫米×1230毫米　1/32
印　　张：	8
字　　数：	170千字
书　　号：	ISBN 978-7-5060-9038-4
定　　价：	49.00元
发行电话：	（010）85924663　85924644　85924641

版权所有，违者必究
如有印装质量问题，我社负责调换，请拨打电话：（010）64023113